ライブラリアン
のための
スタイリング
超入門

広瀬 容子
企画協力：竹岡 眞美

樹 村 房

はじめに

みなさん，こんにちは。広瀬容子です。

この本はライブラリアンのスタイリングについて考える本です。

私は図書館の業界に身をおいて三十余年になります。実際に図書館の現場で働いたこともありますが，多くは図書館を取り巻く業界でずっと仕事をしてきました。現在は，ラピッヅワイドという会社を運営しながら，指定管理者によって運営される公共図書館への情報提供やアドバイザリー業務に携わったり，海外からの図書館視察のお手伝いをしたり，図書館周辺のさまざまな仕事を手がけています。

2017年，私はイメージコンサルタントの竹岡眞美さん監修により『図書館とその周辺で働く人へ：魅力あふれるプロになりたい人のためのマミ流スタイリング』というブックレットを出版しました。このブックレットは少なからぬ反響を呼び，図書館の職員研修や図書館総合展でお話しする機会をいただきました。また，何人ものライブラリアンの方々の「変身」のご報告をお聞きするという嬉しい出来事もありました。

図書館に限らず，どんな場合でも仕事の成果を上げることは，上手なコミュニケーションを積み重ねることから始まります。そのコミュニケーション力を高めるひとつの重要なツールが，外見を素敵に整えるスタイリングです。

図書館と図書館員を取り巻く環境は厳しい，厳しい，厳しい……。このことばかりが話題になりがちですが，ライブラリアンの見た目と認知度に切り込んだテーマはこれまでほとんど扱われてきませんでした。しかし，外見を魅力的にすることが，自分の内面の良さを引き出し，外にアピールするための強力なツールになりうるのです。

ところで，私自身は，元々ダサくて地味でとんちんかんなファッションを平気でしていた人間です。どうひどかったかについては，本文をお読みください。ところが2013年，ふとしたことから竹岡さんにスタイリング指導を受ける機会がありました。私という人間がどういう人間なのかを分析してもらい，服を選んでもらい，美容院で髪の色と髪型を変え，テレビでよく見るビフォ

1

ー・アフターのように大変身を遂げました。当時勤務していた会社では「あの広瀬さんの席に座っている女の人，誰？」と人事担当者がいぶかるほど，別人のように変わりました。すると，そこから人生も大きく変化するという経験をしたわけです。自分の魅力を最大限外に引き出すことの重要性を強く認識し，以来，試行錯誤しながら実践中です。

　そこで，スタイリングに対する見方を変えることでライブラリアンのみなさんにとってどんな良いことがあるのか，私自身の学びを共有していきたいと思います。

　本書では，大きく「他者から見たイメージ」と「自分自身の自己肯定感」という2つの視点からスタイリングの意味についてみていきます。

　日々の仕事を，昨日より今日，今日より明日と数ミリずつでも改善できるよう，いつもとは違う角度からの気づきが，本書から得られれば幸いです。

広瀬　容子

ライブラリアンのためのスタイリング超入門
キャリアアップのための自己変革術

もくじ

    はじめに　1

1. スタイルとスタイリング ……………………………………… 7
    - スタイリングってなんですか　7
    - 「スタイリング」と「身だしなみ」は違う　10
    - なぜライブラリアンとスタイリングなのか　10
    - 無頓着でダサくてとんちんかんだった自分　12
    - スタイリング指導を受けたきっかけ　14
    - イメージコンサルタント竹岡眞美さん　16

2. ライブラリアンの存在感 ……………………………………… 18
    - 図書館は世界の中心……ではない　18
    - 人間は集団の中で平均に近づこうとする　19
    - 業界外の人にライブラリアンはどう見えるか　20
    - 特定の層にしかリーチできていない？　22
    - 図書館には行かないと断言する留学生　23

3. ライブラリアンの社会的イメージ …………………………… 25
    - 映像に見る社会的イメージの研究　25
    - 「天使のいる図書館」　27
    - アメリカにおけるステレオタイプ像　28
    - 「シーッ」と注意する独身女性　28
    - スーパーヒーロー系　29
    - セクシー系　31

意識高い系，ヒップスター　　32

USA Todayの記事　　33

4　おしゃれに否定的な人の思考 ……………………………… 35

軽薄，表層的，贅沢なもの？　　35

思春期にかけて形成される価値観　　36

服を買うことは「もったいない」こと　　37

見た目で人を判断するな　　39

5　非言語情報とコミュニケーション ………………………… 41

シン・スライス　　41

「外見力」の重要性　　43

「司書っぽい」印象は損をする？　　43

6　危機管理対策としてのスタイリング …………………… 45

クレーマーはあなたの身なりを「解読」する　　45

「私は大事にされなくて構いません」というメッセージ　　46

手ごわさも武器になる　　47

7　ライブラリアンの制服は諸刃の剣 ……………………… 49

仕事の質を高める服装とは　　49

「着せられている」のか「着こなしている」のか　　50

「あのエプロンをした人たちは誰か」　　51

添乗員という仕事から見えたもの　　52

8　自己承認が自分を変える ………………………………… 55

どんな人にも関係がある問題＝自己承認　　55

「一切まーったく構わない感じの人じゃなかった？」　　56

自信と自己肯定感　　58

人生のパートナーと出会う　　59

9 劇的「ビフォー・アフター」 ………………………………… 61

得意不得意は人によって違う　61

一番頑張ったかっこうで銀座へ　62

竹岡眞美さんのカウンセリング　63

人となりを理解する作業から　63

私自身に足りないもの　64

「なんでそんなに地味なの？」　65

10 なんといっても髪 ………………………………………… 66

後ろでひっつめてはいけない　66

人の印象は髪で決まる　67

日本女性の多くは黒髪で損をしている　67

取り扱えない髪はない　68

不器用な人はヘアアイロン　69

白髪対策のカラーリング　70

「ゆるふわ」まとめ髪とひっつめ髪のちがい　70

男性は髪の薄さを隠そうとすればするほど目立つ　72

11 あなたのくちびる，赤すぎませんか？ ……………………… 73

口紅しかしていなかった私　73

引き算メイクとは　74

アイラインを入れる　75

12 服のサイズと色の基本 …………………………………… 77

サイズの合ったものを身に着ける　77

色は3色までが基本中の基本　79

クローゼットの7割を無地にする　80

彩度を合わせるということ　80

困ったら白　80

「さきっちょ」に気を使うのが大事　81

もくじ　5

13 個性あふれる現場のプロへのインタビュー ……………… 82

「この人が言うことなら聞いてみよう」というイメージをつくる
　　──小川香代子さん（神奈川県立岸根高等学校司書）　83
シンプルケアを丁寧に──重森貴菜さん（呉市議会図書室司書）　90
行きたい世界の人の真似をしてみる
　　──河合郁子さん（公共図書館勤務）　98
認知度よりも想起度。専門性を伝えるために必要なこと
　　──南山宏之さん（アクサム・コンサルティング　代表取締役）　104

14 役立つスタイリング関連本の紹介 …………………………… 113

スタイリング関連図書が急増している　113

おわりに　117
参考文献　118
さくいん　120

スタイルとスタイリング

スタイリングってなんですか

　この本はライブラリアンのみなさんのスタイリングについて考える本です。ですから，最初に言葉の定義を確認しておきたいと思います。このスタイリングという言葉，意味を説明してくださいと言われるとどうですか？　意外に難しくありませんか？
　整髪剤としての「スタイリング剤」という言葉は日常的に使いますから，何かをセットする意味合いがあることはわかります。「スタイリング」という言葉にはほかにどのような意味があるのでしょうか。
　デジタル大辞泉では，次のような定義を見つけることができます。

スタイリング（styling）
1　デザインの様式。型。
2　インダストリアルデザインで，製品の機構はそのままで，外側のスタ
　　イルだけを変えること。
3　服飾で，1枚の服に，帽子，靴，その他のアクセサリーを添えるなど
　　して効果的なスタイルをかたちづくること。
4　髪の毛を整えること。

　この本でのスタイリングは，主に上記の3番目「1枚の服に，帽子，靴，そ
の他のアクセサリーを添えるなどして効果的なスタイルをかたちづくること」
という意味で用いていきます。では，「スタイル」とはなんでしょうか。一般的
に「あの人はスタイルがいい」と日本語で言う場合は，体型のバランスが良
い，美しいプロポーションであることを意味します。でも，ここでの意味はそ
うではないことはわかりますね。
　一方，おしゃれでかっこいい人を「スタイルのある人」と表現することがあ
ります。「have a style」という英語表現からの借用だと思いますが，では「ス
タイル」とは何か。
　スタイリストの地曳いく子さんは，著書『着かた，生きかた』の中で，こう
述べています。

　　自分の好きなもの，似合うもの，そして生き方に合っているもの。それ
　　を大切にすることで，自然と身についてくる着こなしやファッションの傾
　　向が，スタイルです。

　この言葉に「ing」をつけた「スタイリング」は，単に洋服や靴をおしゃれっ
ぽく組み合わせることではないようです。もし単なる組み合わせを表したかっ
たら，それは「コーディネート」です。この「スタイリング」と「コーディネ
ート」，あまり違いを意識しないで使っている人も多いのではないでしょうか。
デジタル大辞泉によれば「コーディネート」の定義は以下のとおりです。

コーディネート（coordinate）
1　各部を調整し，全体をまとめること。「国際会議をコーディネートす

る」

　2　服装・インテリアなどで，色柄・素材・形などが調和するように組み
　　合わせること。コーディネーション。「じょうずにコーディネートし
　　た装い」

　たとえば，「このシャツにこのパンツ，ストール，バッグ，靴を合わせる」，
これは「コーディネート」だそうです。しかし，「スタイリング」はパンツの裾
をロールアップする，ストールをミラノ巻きにするといった「着こなし」まで
を含みます。同時に髪型と髪の色，メイクまで計算して，その人らしさをつく
りあげることも意味します。つまり，スタイリングはコーディネートの先にあ
る概念なのです。流行を追いかけて高価な服を身に着けるということではな
く，地曳さんの示すとおり，「自分自身をよく知り，その生き方を表現」するこ
となのです。
　自分自身を知る。そう，意外に自分自身のことはわからないことが多いもの
です。

　さらに日本語の「おしゃれ」という言葉，これについてもデジタル大辞泉で
定義を見ておきましょう。

　　お-しゃれ【▽御×洒▽落】

　　［名・形動］（スル）服装や化粧などを洗練したものにしようと気を配るこ
　　と。洗練されていること。また，そのさまや，その人。「お洒落な若者」
　　「お洒落な店」

　これを見るかぎりにおいては，「おしゃれ」という言葉には「コーディネー
ト」と「スタイリング」の両方のニュアンスがあるようです。
　この本では「スタイリング」という言葉と同じように「おしゃれ」という言
葉も頻繁に用いますが，いずれも「あなた自身が本来もっていて，しかも内側
に隠れている価値，これを外側に引き出すもの」という意味で用いているとい
うことを，まずは理解してください。

　　　　　　　　　　　　　　　　　　　1…スタイルとスタイリング　　9

「スタイリング」と「身だしなみ」は違う

　みなさんが働いている図書館の現場では身だしなみ研修を実施しているところもあると思います。実は私が2017年に出したブックレット『図書館とその周辺で働く人へ：魅力あふれるプロになりたい人のためのマミ流スタイリング』も，元々は岡山県の高梁市立図書館でスタッフ向けに実施した「身だしなみ研修」のコンテンツがベースとなっています。この研修を実施した2017年1月時点では，私自身，「スタイリング」と「身だしなみ」がどのように違うのか，正直あまり深く考えていませんでした。

　しかし最近，元客室乗務員の講師によるビジネスマナー研修を受講して感じたことがあります。それは，身だしなみというのは「○○してはいけない」という「自己否定から入るもの」ではないかということです。爪を長くのばしてはいけない，髪を茶色く染めてはいけない，派手なネイルをしてはいけない，大きなイヤリングをつけてはいけない，などなど。そして「没個性」と「画一性」が求められるものだということです。

　その一方，スタイリングというのはあなた自身の隠れた価値を外側に引き出すためのツールという意味合いが強いので，これは「自己肯定感を高めるためのもの」であり，自分らしさ，個性を表現するものなのです。

　仕事の成果を上げるうえで，スタイリングと身だしなみ，どちらが重要なのでしょうか。私は両方重要だと思います。自分が置かれている場所，立場によっても変わってくるでしょう。しかし，今はいったん「○○してはいけない」という話は忘れてください。「自分の外見的な魅力を最大限に引き出して仕事の成果を上げるにはどうすればよいか」という角度から，このスタイリングについて考えてみたいと思います。

なぜライブラリアンとスタイリングなのか

　ライブラリアンと一口に言っても，公共図書館，大学図書館，専門図書館と，職場環境や労働条件はさまざまですし，日本では教育的背景やスキルセッ

トも相当異なるので，一般化することは困難です。

　しかし私の知るかぎり，ライブラリアンには知的で中身が素晴らしい人が多いので，それをもっとわかりやすく外に発信したほうが良いのではないかと，特にここ数年強く思っています。これは，これからお伝えする自分自身の体験から，心底実感していることです。

　図書館の実際の現場で働いている時と，外の勉強会やセミナー，プライベートの業界人同士の飲み会などとでは，そのスタイルについて見るべきポイントは若干異なりますが，いずれにせよ，図書館界には男女を問わず，また年齢を問わず，服装や髪型やメイクに気を使わない人がほかの業界に比べて明らかに多い。こう感じているのは私だけではありません。たいていの人は「うんうん，そうだよね」と肯定します。「別にバッチリおしゃれしろとは言わないけれど，もう少し世間並みになんとかしようよ，と思うよねえ」という反応がほとんどです。

　図書館総合展など大きなイベントでは，ほかの業界の展示会と会場が隣同士になることがあります。そこに参加している人々の見た目の雰囲気から，この人は図書館関係者，この人は別の業界の人，とぱっと見て判別できるほど，多くの図書館関係者は外見にあまり気を使っていないという点で特徴的です。さらに同じ図書館業界の中でも，ライブラリアンと民間企業の出展者はかなり簡単に判別できます。別にストラップの色を見て種別を確認するまでもありません。アメリカの図書館に勤務する友人などに話を聞くと，これは日本だけでなく万国共通の傾向のようです。

　もちろん，なかにはおしゃれで素敵なライブラリアンは実際にはいます。しかし，その人たちはどちらかといえば少数派ですから，業界を代表するイメージにはなっていません。

　さて，このことにより，図書館，そして図書館の現場で働く人々は大きく2つの点で損をしてしまっていると私は感じています。

　ひとつは，知らず知らずのうちにライブラリアンの存在感を薄れさせてしまっているということ。なんか地味だよね，何する人だっけ？　という風に「重要だとは思えない」という世間一般の人のイメージを固定させているということです。

1…スタイルとスタイリング　　11

もうひとつは，本来もっともっと高まってよいはずの，個々の職業人としての主体性，自己肯定感が「そこそこ」でとどまってしまうか，ともすると低いままになってしまう可能性があるということです。

　実際，さまざまな人から以下のような問題を耳にします。

　✓ 研修を受けたり，スキルを磨いても待遇が変わらない。

　✓ 専門性などあるのかと，低い扱いを受ける。

　✓ 余計な仕事はするなと言われ，新しいことにチャレンジできない。

　✓ 新しいアイデアを試したくても協力してもらえない。

　✓ せっかく上級資格を取ったのに異動させられた。

　✓ 他部署から来た門外漢の上司の下で悶々としている。

　✓ 能力を発揮すればするほど忙しくなり首がしまる。

　✓ 組織上，主体的に図書館運営に関わることができない。

　✓ ずばり，稼げない。

　いかがでしょうか。これらの問題を放ったまま悶々としていると，自分自身のキャリアと生き方にまで影響を及ぼし，結果としてライブラリアンのステレオタイプなイメージの再生産に貢献してしまいます。

　もちろん外見を変えたからといってすぐに何かが変わるわけでもありません。しかし，この機会にぜひ「スタイリングという切り口」で自分のあり方を考えてみることをお勧めしたいと思うのです。

　なぜならば，スタイリングは「あなた自身が本来もっていて，しかも内側に隠れている価値，これを外側に引き出す」強力なコミュニケーションツールだからです。

無頓着でダサくてとんちんかんだった自分

　さて，こんなことを偉そうに語っている私自身，実は，つい4，5年前まで，つまり50歳近くになるまで，おしゃれが自分の価値を引き出すための重要な手段であるということについて，真面目に考えたことがありませんでした。外見より中身！　髪型もお化粧も着るものも靴も，とにかく「普通にしてさえい

ればよい！」そういう人間でした。

　しかし，自分なりに「普通だ」と思い気をつけているつもりはあっても，基本的なおしゃれのセオリーをまったく知りませんでしたから，普通どころか偏差値40，いや30ぐらいのレベルだったのではないかと思います。

　時折「お母さん，そのかっこうで会社に行くの？」と娘に呆れられることがあっても，どこが変なのかちっともわからないし，気にもとめませんでした。

　具体例を挙げますとこんな感じです。

　　トップス：ベージュのニット
　　ボトムス：シルバーのてかてかしたサテン生地に紫の水玉模様の入ったスカート
　　アクセント：包帯か？と見まがうようなくたびれたストール
　　アクセサリー：なし
　　靴：ヒールのない黒のスリッポン
　　髪型：オールバックのひっつめ
　　メイク：口紅のみ

　あるいは

　　トップス：ショッキングピンクとネイビーのストライプのタンクトップ
　　ボトムス：水色の格子柄のフレアスカート
　　アクセサリー：なし
　　靴：ヒールのない黒のスリッポン
　　髪型：黒髪を夜会巻き
　　メイク：口紅のみ

などなど。

　何を着るのでも「ヒールのない黒のスリッポン」。今にして思うと突っ込みどころ満載のコーディネートを平気でしていました。

　つまり，明らかに「無頓着でダサくてとんちんかんな人」の部類に属していました。

　しかし面白いことに，そんな私でも時折「おしゃれですね」「カッコいいですね」と言われることがありました。

　それはなぜか。

　理由は簡単で，そうコメントする人の多くが，私にさらに輪をかけてファッションというものに無頓着だったからです！

1…スタイルとスタイリング　　13

後ほど述べますが，人は一定の集団の中にいると，その集団の平均に近づいていきます。そして知らないうちに自分を俯瞰して客観的に眺めることができなくなってきます。

　しかし，私はたまたまですが，これからご紹介するイメージコンサルタントの竹岡眞美さんと友達になり，スタイリング指導をお願いすることになりました。2013年の4月のことです。

　カウンセリングのあとショッピングに同行してもらい，服や靴，バッグを選んでもらい，後ろにオールバックでひっつめていた黒髪を美容院でばっさり切り，カラーリングで色も変えました。一見「広瀬さん」とはわからなくなるぐらいの大変身を遂げました。この写真のようにです。

BEFORE　　　　　　　　　　AFTER

スタイリング指導を受けたきっかけ

　なぜ，このスタイリング指導を竹岡さんから受けたのか。そのきっかけは大学の同窓会でした。卒業から25年経って開催された大学の同窓会に参加したときにかなり驚いたことがあったのです。

　私は慶應義塾大学で図書館・情報学を専攻したのですが，同窓会に行くと，

同じ慶應の文学部卒で，同年代のアラフィフ女性という共通項をもっていて
も，英文科や仏文科や美学美術史学科などの女性は，いわゆる「美魔女」が非
常に多く，髪がきれいで，おしゃれで華やかなのです。

　一方，図書館・情報学科出身のクラスメイトは，もちろんそれぞれ素敵です
が，その素敵さがあまり外に出ていないのです。私を筆頭にほとんどの人が落
ち着いていて，はっきり言うと地味なのです。相対的に存在感が薄いのです。
この違いはいったい何だろう？と思いました。

　実はこの「美魔女軍団」の中の一人が竹岡さんでした。竹岡さんと友達にな
り，フェイスブックでつながると，彼女がスタイリングを手がけたさまざまな
クライアントのビフォー・アフターを見ることができました。写真のクライア
ントは会社経営者やビジネスマンなど，すべて男性でした。が，私が「女性も
やっていただけるのでしょうか？」と質問をしてみた。これがはじまりです。

　驚いたのは，外見が変わると，仕事や人生そのものも劇的に変わるというこ
とです。

　私は50歳目前で初めて自分の外見に気を使い，こだわりをもつことの重要
性を知りました。「遅すぎ！」と思う方もいると思いますが，今日より若い日
は来ないわけですから，いくつになっても好奇心をもって始めてみる，これが
肝要です。

　とはいえ，この本でいきなり「ライブラリアンのみなさんもプロのスタイリ
ストを雇っておしゃれになりましょう」と急に言われても戸惑う方は多いと思
います（もっとも何人かの方は個人的に紹介し，もうすでに竹岡さんのスタイ
リングを受けてとても素敵になられていますが）。

　この本ではまず，竹岡さんによるスタイリングによって得た私自身の気づ
き，その後の試行錯誤から得た学びをみなさんと共有します。「今さらそんな
こと，とっくに知ってるわ」という内容もあるかもしれません。でも意外に目
からうろこということもあるかもしれません。

　いずれにしても，自分なりのスタイルを考え直すきっかけをもってもらう。
それがこの本の主な目的です。

1…スタイルとスタイリング　15

イメージコンサルタント竹岡眞美さん

　ここで，おしゃれと生き方には非常に重要な関係性があることに気づかせてくれた，イメージコンサルタントの竹岡眞美さんについてふれておきたいと思います。

　「イメージコンサルタント」という肩書は耳慣れない方もいらっしゃるかもしれませんが，クライアントの目標に合わせて，その人の職業や生活スタイルにふさわしい装いや髪型，メイク，カラーコーディネートなどのスタイリング全般を考える，さらに人生設計などの生き方の相談にまでのり，その人のイメージを総合的にコンサルティングする人のことです。つまり，スタイリストよりも，その人がまわりに与えるイメージをより戦略的にデザインする人といえます。

　イメージコンサルティングの例として，竹岡さんの講演会では，よくヒラリー・クリントンのスタイルの変化が紹介されます。なぜならばヒラリーの外見的な魅力の変化は，スタイリングの力を説明するのにはもってこいの材料だからです。

　学生時代のヒラリーの写真は，ガリ勉少女を絵に描いたような，分厚いレンズのメガネに伸ばしっぱなしの黒髪，矯正していない隙間のある前歯が特徴です。弁護士時代は，メガネはかけていませんがノーメイク。ドット柄にペイズリーのジャケットを合わせるなど，服装にはまったく無頓着です。しかしその後，大統領夫人時代，国務長官時代，大統領候補時代と明らかに髪の色が変わり，着ている服のテイストも変化していきます。これらの仕事はすべてイメージコンサルタントによるものです。特に，大統領選挙のキャンペーン期間中のイメージコンサルティングは，あの『ヴォーグ』編集長，アナ・ウィンターとそのチームが行ったそうです。映画「プラダを着た悪魔」でメリル・ストリープが演じた鬼編集長のモデルといえば，「ああ，あの人か」と思う人もいるでしょう。

　さて，竹岡さんは若い頃にミラノへ留学し，デザイン学校で学んだ後，ミラノ・カリステのデザイナーとして活動しました。ミラノのほか，パリと東京で

もプライベートブランドを立ち上げ，その後，大手百貨店のファッションディレクターを務め，世界中のファッションショーを見てトレンド分析を行うという，漫画「Real Clothes」のようなファッションの世界の最先端にいました。その後，会社経営者や国会議員，ビジネスマン，ビジネスウーマンなどを中心にパーソナルスタイリングとイメージコンサルティングを手がけるようになりました。

　そして2013年に，私自身がスタイリング指導を受けることになるのですが，「変身」した後，自分の人生がどのように変化したのか，それについては後ほど詳しく述べることにしましょう。

この章のまとめ

1. スタイリングとは「自分が本来もっていて，内側に隠れている価値を外側に引き出す」強力なツールである。
2. スタイリングはライブラリアンの存在感を高めるためのコミュニケーションツールである。
3. スタイリングはライブラリアンの生き方とキャリア，人生設計に影響を及ぼす。

1…スタイルとスタイリング　　17

2 ライブラリアンの存在感

図書館は世界の中心……ではない

　図書館業界の中にいると，私ですら世界がまるで図書館を中心に回っているかのように錯覚することがあります。仕事の現場に限らず，SNSでのつながり，リアルでのつながりの多くが業界人で占められているため，どこどこの図書館が新館オープンした，○○さんが本を出版した，○○先生のこんなセミナーに参加した，○○図書館を見学した，といった情報が，あたかも重要なニュースのように耳に入ってきます。示し合わせてもいないのに，セミナーでは何人もの知り合いに会います。メディアの報道にしても，誰かがシェアしたものが真っ先に目につきます。「へえ，図書館ってこんなにニュースになるほど世の中に認知されているのね」，などと感じることもあります。

　私たちはあまりにも図書館業界にどっぷり漬かりすぎていて，実は業界外の

人に図書館がどう見えるのかがわかっていない場合も少なくありません。

人間は集団の中で平均に近づこうとする

　アラン・ピーズとバーバラ・ピーズは『自動的に夢がかなっていくブレイン・プログラミング』の中でこう書いています。

　　よくいっしょに行動する友人が5人いると，好むと好まざるとにかかわらず，あなたは「その5人の平均的な存在」になる。

　　あなたが友人グループのなかでいちばん成功した人物だとすると，つねにグループの友人からの暗黙のプレッシャーにさらされて，いつのまにか，あなたの収入も，業績も，持ち物も，人生に対する姿勢も，グループの平均レベルになる。

　つまり，似た者同士のコミュニティに埋没していると「自分の外見や雰囲気もそのコミュニティの平均にどんどんどんどん近づいていく」のです。地味な集団にいれば，自分も自然にそうなっていきます。

　地味地味というけれども，おしゃれにはシックなおしゃれというものもあるし，ナチュラル系のおしゃれもあるじゃないかと思うあなた，それはそのとおりです。しかし，ここでいう「地味」はニュアンスが異なります。戦略も立てずに，ただなんとなく存在感を消しているという意味だと理解してください。

　同質のコミュニティだけにいると自分もその平均に近づく。たまにアウトライアー，つまり「外れ値」なおしゃれな人がいても，あの人は例外だから，変わっている人だからと思って気にしません。そして，生き方もどんどんどんどん平均化していき，自分の今いる世界が当たり前になってきます。

　これは一般論ですが，日本社会はいま，いたるところにこの罠が潜んでいると私は感じています。似た者同士で本当に手軽に情報が共有できるので，ともすれば異質な人，グループを無意識のうちにいじめてしまいやすい社会です。

　ですから，異なる文化的背景をもった人，外国人，異なる価値観や考え方の人，そうした人たちとはとにかく意識的に交流すべきだと，私は常々思っています。

2…ライブラリアンの存在感　19

業界外の人にライブラリアンはどう見えるか

　では，ふだん図書館になじみのない人には，ライブラリアンはどう見えるのでしょうか。つまり，ごく普通の世間一般の人の認識はどのようなものなのでしょうか。

　イメージコンサルタントの竹岡さんは，私と出会うまで「図書館業界」というものが世の中に存在することすら知りませんでした。確かに一般の人は図書館自体の存在は知っていても，その背後に専門職の集団とそれをマーケットとするビジネス業界があるなんて，あまり想像しませんよね。

　竹岡さんは私の紹介で何人かの図書館関係者にスタイリング指導をしたり，講演会の講師を務めたりしたこともあり，徐々に図書館関係者の知り合いが増えてきました。

　そこで彼女が認識したのは，「ライブラリアンは総じて知的で，いろいろなことを知っていて，それを表現する語彙も普通の人に比べて豊富。話もとても面白い，非常に魅力的な人が多い。しかし，残念ながら多くの人の場合それが外側に現れていないので，わかりにくい。そこが大変もったいない」ということでした。

　ある時，彼女を連れて，彼女が居住する都内のある公共図書館の現場に出かけました。その図書館は来館者も多く，若いビジネスマンの姿も見られる，業界では比較的評価の高い図書館です。オーソドックスな昔ながらの古い建物ですが，多文化サービスなどにも力を入れていますし，平日の夕方でもかなり賑わっています。その日もカウンターまわりは本の貸出や返却の手続きを待つ人が15人ほど列をなしていました。カウンターの職員の方々は黒いベストと黒い前掛けというソムリエのような制服に身を包み，利用者には丁寧に接していて，誠実に真面目に仕事に取り組んでいるように私には見えました。

　ところが，竹岡さんは，しばらくカウンターで貸出や返却に対応する何人かの職員の方々を遠巻きに観察していたかと思うと，小さな声でこう言いました。

　「あの人たち，大学で図書館学か何かの勉強をしてきた人なんだよねえ？
　とてもそんな風には見えないわ」

「あれじゃあスーパーの店員と何も変わらないじゃない」

素朴かつ単刀直入に問い続けます。

「なんで皆あんなに無表情なの？　笑顔がないの？」

「何か困ったことがあっても，相談できるような気がしない」

「相談に乗ってくれる能力が彼らにあるなんて，あの雰囲気から誰も想像で
　きないよ？」

　図書館をふだん利用しない人が，先入観なしに公共図書館の職員を見ると，
なるほどスーパーの店員と同じように見えるんだ。私は少なからずショックを
受けました。

　スーパーの店員だって立派な仕事じゃないか，そんなの職業差別だ。そのと
おりです。でも，だとすると一般の人が，ライブラリアンは資格があろうがな
かろうがある程度の訓練で誰でもできる仕事だという印象をもったとしても，
それを責めることはできません。

　よくよく観察すると，竹岡さんの言わんとすることがわかる気がしました。
ひとことで言うと，そこにいた人たちは，

「自分を大事にしていないという信号をばんばん発している」

のです。

　制服に身を包んでいるのはいいとして，ただ制服を着ているだけ。女性はメ
イクをしていないし，男女共に前髪が長すぎる，後ろで束ねた女性の髪はぴー
んとした直毛，くたびれた靴を履いている，などなど。そのほかの身なりはな
んとなくそれなりであまり関心がない，つまり，自分を大事にしていないとい
う情報しか読み取れないのです。

　自分を大事にしていませんという情報は，利用者である顧客にすぐに伝わり
ます。そうすると人によっては「この人のことは軽んじてもOK」という刷り
込みから，横柄な態度で接したり，理不尽な要求をしたりします。そこまでい
かない場合でも記憶の中に「これがライブラリアンなんだ」というイメージが
定着し，それが知らず知らずのうちに社会的評価につながっていきます。

　一方で，無表情問題については，これは，どんなにマナー講師に来てもらっ
て無理やり口角を上げるトレーニングを受けても，モデルでもないかぎり意図
的につくるのは難しいでしょう。笑顔は余裕と自信と楽しい気分から自然に生

2…ライブラリアンの存在感　　21

まれるものだからです。逆に言うと，生真面目に頑張っているから笑顔を見せる余裕もない。しかし，「あなたに向かって話していますよ」という意思が伝わらないので，利用者は目の前にいるこの人がまさか調べ物などの高度な相談に乗ってくれるとは思えない，つまりレファレンスサービスの能力があるようには見えないという印象を与えてしまっているのです。

　図書館におけるレファレンスサービスの研修を受けたことがある人は「利用者の思い込みをできるだけなくす工夫をしましょう」と指導されていると思います。こんな質問は受け付けてくれないのではないか，こんなことに答えるほど高度な能力はないのではないかなど，利用者にはライブラリアンに対するさまざまな思い込みがある。だから，たとえばカウンター付近を行ったり来たりしている人にはこちらから積極的に声をかける。最初の質問を額面どおりに受け取らず，本当に聞きたいことは何かを知るまでインタビューを繰り返し行う。そんな風に研修では教わります。大学の授業でもおそらくそう習ったでしょう（私も記憶にあります）。

　しかし，先に竹岡さんが受けた印象，つまり見た目の雰囲気で最初に「相談できる気がしない」という印象をもたれ，多くの潜在的な利用者から心のシャッターをガラガラと下ろされているとしたら，これは大変もったいないことです。

　このようなことを言うと「いやいや，自分は図書館にそんなものは求めていないし，外見なんかどうでもいいから，専門性のあるサービスをきちんと提供してくれればそれでいい」と断言する利用者も必ずいるでしょう。しかし，そうした「図書館サポーター」の方々は，本来の利用者のごく一部にすぎません。

特定の層にしかリーチできていない？

　同志社大学准教授の佐藤翔さんは「『TSUTAYA 図書館』から考える教育機関としての図書館」という論文の中で，公立図書館の利用者には常に一定の偏りが存在したとし，図書館はある一定の層，具体的には高度な教育を受けたホワイトカラーや，そうした家庭環境に生まれた人々にしかリーチできていないという現状があることを，いくつかの研究事例をもとに指摘しています。

目的意識の高い人々は，図書館の存在意義と価値を自分なりに理解していて，勉強や仕事や趣味に役立つ施設だということがわかっています。竹岡さん自身もつい最近まで大学図書館は頻繁に利用していたと言っています。学士入学で美学・美術史学を勉強していた彼女には，高額な資料がそろっている大学図書館はライフラインそのものだったからです。

　また，テレビ局に勤務する私の甥にこの話をしたところ「僕の印象は違いますね」という反応が返ってきました。彼は取材のネタ探しに公共図書館や国会図書館を頻繁に利用しますが，彼のように調査で利用する人は少数で，多くは勉強のための席を利用する高校生，リタイアした高齢者，シェルターハウス代わりに利用する野宿者が多くいるというイメージです，とのことでした。これらの勉強のための席とりや，冷暖房のきいた場所を求める一定の社会階層に属する人々の図書館利用，これも目的がはっきりしており，ここにライブラリアンが介在する余地はほとんどありません。

　このような人たちにとっては，コンテンツやサービスがきちんと担保されていさえすれば，そこで働く人がどんなかっこうをしていようが関係ありません。

　しかし，見た目の雰囲気や，そこから感じ取れる「気のようなもの」はすべて言語化できない情報です。そのことが原因で図書館そのものから足が遠のいている潜在的利用者が数多くいるのです。

図書館には行かないと断言する留学生

　私は現在，都内の大学院でナイジェリアやウガンダ，アフガニスタンなど，中東・アフリカ諸国からの留学生を対象に，アカデミックスキルを習得するための文献検索の授業も担当しています。彼らの多くは，農業政策に従事する政府の役人や大学の講師などです。しかし，日本の研究大学の図書館で当たり前のように使える高額な電子ジャーナルやデータベースを，本国に帰るとなかなか使うことができません。日本にいる今しかないのでいつも必死です。授業中もとにかく質問しまくり，2限続きの3時間があっという間に終わります。

　ところが，そんな勉強熱心な彼らが「図書館にはまず行かない」と断言します。真新しいきれいな建物なのに，キャンパス内で足を運ぶのも面倒なので

2…ライブラリアンの存在感　23

す。最初の授業の時，彼らからまず教えてほしいと言われたのは，図書館の使い方ではなく，図書館で契約しているコンテンツへのリモートアクセスの設定方法でした（コンピュータセンターのマニュアルが日本語のみというのも国際化を推進する大学としては問題ですが）。日本語を解さない彼らにとって，図書館の英語でのサービスが不十分というのも大きな理由でしょうが，使う資料は電子ジャーナルが多く，リモートで事足りると思っているのです。

　今，図書館を必要と感じていない多くの潜在的な利用者に，ライブラリアンはどうアプローチしたらよいのでしょうか。そしてどのように信頼関係を築くべきなのでしょうか。

　専門性を磨くのと同じぐらい発信力が重要です。

　そう，発信力。この言葉を聞くと，すぐにポスターやらウェブサイトやら，広報的な活動を思い起こすかもしれません。でも，一番身近な発信源，それはあなた自身が醸し出す外見の雰囲気なのです。

この章のまとめ	1．人は特定の集団の中で中身も外見も平均に近づいていく。
	2．外の世界の人にライブラリアンの専門性はわかりやすく伝わっていない。
	3．専門性を磨くのと同じくらい自身の発信力が重要である。

ライブラリアンの社会的イメージ

3

映像に見る社会的イメージの研究

　専門性をもっているようには見えないという印象は，竹岡さんだけのものなのでしょうか。たまたま訪れた公共図書館の職員の方がそう見えただけなのでしょうか。
　世間一般のライブラリアンに対する社会的イメージのヒントは，ドラマや映画など，映像の中にも見つけることができます。
　日本での関連研究のひとつは，図書館サービス計画研究所（略称トサケン）の主宰者・仁上幸治さんによる「映像の中のトンデモ図書館員たち」シリーズです。全国各地でこのテーマの勉強会を開催しているので，ご覧になった方も多いことでしょう。私も2017年6月に主催したセミナーにおいて，仁上さんに「ステレオタイプを超える自分ブランディング」という副題をつけてお話い

ただきました。これまでに収集した豊富な資料をもとに，ライブラリアンが映画やドラマの中でどう描かれているかを確認し，外見からつくられる社会的イメージについての問題意識を共有するという内容です。

　ライブラリアンを描いたドラマや映画，CMは国内外合わせると膨大な数に上りますが，この時は仁上さんが収集した膨大な映像資料の中から，9点を選んで紹介していただきました。

　たとえば，ライブラリアンにはよく知られた向田邦子脚本の「阿修羅のごとく」には，図書館に勤務する三女が登場します。このドラマは今から40年近く前，NHKの連続ドラマとして放送されましたが，その後，2003年に森田芳光監督によって映画化されました。図書館に勤務する三女は，ひっつめ髪に度の強いメガネ，事務服を着用して腕カバーをしており，潔癖症という典型的なキャラクター設定になっています。

　このほか，1992年放送の「素顔のままで」や2000年放送の「Beautiful life～ふたりでいた日々～」，2004年製作の映画「父と暮らせば」など，さまざまな映像に登場するライブラリアンは，総じて「人見知り」「心に傷を負っている」「職歴がなく腰掛けである」「暇そうにしている」といった描かれ方が主流です。

市村省二さんは「映画で見る図書館・図書館員のイメージ」の中で，国内外共通して見られる傾向として，ライブラリアンは「内向的で鬱屈したものを抱えている」人として描かれ，「非日常的な出来事や恋愛を経験することで魅力的な人間に変身する」というストーリー展開に用いられることが多いと述べています。

　同様に，伊藤俊朗さんは「映像における図書館と図書館員に関する論考」で，日本映画におけるライブラリアンは，「何らかの挫折なり鬱屈なりを抱えており，生気に乏しいが，腹では何を考えているかわからないような人間を描きたい場合のかっこうの職業」であると指摘しています。

「天使のいる図書館」

　上記の映画やドラマは比較的古いものですが，2017年に公開された映画においても，ライブラリアンのステレオタイプ像は健在で，びっくりするほどす。小芝風花主演「天使のいる図書館」（ウエダアツシ監督）は，のどかな田園風景が広がるとある町での老女とライブラリアンとの心の交流を描いた作品です。膨大な知識をもち，本好きな主人公，しかし彼女は「人と接するのが苦手」で，「人の心をうまくくみ取ることができない」という設定です。利用者からのレファレンスの質問にも，一方的に自分のもてるだけの知識を滔々(とうとう)としゃべるだけしゃべり，的外れな受け答えで相手をドン引きさせます。同僚からもやんわりとダメ出しをされますが，何が悪いのか理解できません。このように，コミュニケーションに問題を抱え，空気が読めないライブラリアンが，老女との交流から人間らしい心のありように気づいてくという，既視感のあるストーリーです。主人公はメガネをかけていますし，髪を後ろでしばっているし，前髪を眉毛が隠れるほどに前にたらしています。そしてエプロン姿です。

　ストーリーの肝の部分は老女の恋物語なので，実はこの映画，主人公は必ずしもライブラリアンの設定でなくとも成立するのです。理系のポスドクだっていいし，教師でもよいのです。しかし，そこに図書館とライブラリアンがちょうどよい道具立てとして使われる。社会のイメージが確実に反映されているといってよいでしょう。

3…ライブラリアンの社会的イメージ　　27

アメリカにおけるステレオタイプ像

　日本でお手本としている人も多い「図書館先進国」アメリカの場合も見ておきましょう。

　自分たちが社会の中でどう見られているかについては，アメリカは日本以上に関心が高いです。映像などのポップカルチャーからそのステレオタイプ像を読み解こうという研究も昔から盛んに行われています。英語版のウィキペディアには「Librarians in popular culture」という独立した項目が立っているほどです。引用元や出典も細かく記述されており，相当に力の入ったコンテンツになっています。

　日本と違う点として面白いのは，社会的にある程度定まったステレオタイプを打ち壊すために，まったく違う自己イメージを積極的につくりあげようとするライブラリアンが一定数いることです。頭をモヒカンにするとか，鼻ピアスをつけるなどして「You don't look like a librarian」と言われるようなかっこうを意図的にする人たちがいます。ところが，そうすると今度はそのイメージが別のステレオタイプとして定着していく。これは日本にはあまり見られない面白い現象です。

「シーッ」と注意する独身女性

　昔から一般的に認知されているのは，独身女性が髪をお団子に結い，デザインはおかまいなしの履きやすそうな靴を履き，カーディガンというスタイル。時折，人差し指を口にあてて利用者に「シーッ」と注意をする人です。これを逆手にとって，シアトル公共図書館のライブラリアンだったナンシー・パールのフィギュア人形が作られ，一時期図書館のお土産として売られていました。背中のボタンを押すと人差し指を立てた手が口元まで上がり，「shushing」つまり「シーッ」と注意するポーズになるというものです。

　1930年代に制作されたフランク・キャプラ監督による映画，「素晴らしき哉，人生！」には，主人公が商売に失敗して破産宣告を受け，生まれなければ

よかったと嘆くシーンの後，女性ライブラリアンが登場します。雪の夜に図書館から出てくる女性はノーメイクでメガネをかけ，背中をまるめながら帰宅を急ぐオールドミスとして描かれています。

　1957年にトニー賞を受賞し，その後映画とドラマにもなった「The Music Man」に登場するマリアンというヒロインは，図書館で勤務する傍ら自宅でピアノ教師をしているという設定です。そのヒロインをなんとか口説こうとする詐欺師の主人公が図書館内で「Marian the librarian」を歌うシーンが有名ですが，マリアンのスタイルは髪をアップにし，やはりメガネをかけ，ハイネックに長袖のロングドレス。まさに「隙のなさ」を演出しています。

スーパーヒーロー系

　しかし近年になると，まったく違うタイプ，スーパーヒーロー系のライブラリアンが描かれるようになります。2014年に始まったアメリカのテレビドラマシリーズ「ライブラリアンズ」は，公共図書館の地下深くに保存されている秘密の魔法を守るべく，ライブラリアンとして選ばれた天才たちが悪と戦うという設定です。シリーズ1の最初に登場する男性ライブラリアンは，つぎあてのあるくたびれたコーデュロイのジャケットにスカーフ，ポケットチーフを入

3…ライブラリアンの社会的イメージ　　29

れて、スニーカー履きというアンバランスなかっこうです。興味深いのは、冒頭シーンが、映画「インディ・ジョーンズ」シリーズの第1作「レイダース/失われたアーク《聖櫃》」の有名なシーン（秘宝をついに発見して手にする瞬間）のオマージュになっていることです。つまり、考古学者とライブラリアンを同じ種類の人に見立てているわけです。知識の量が膨大で、歴史やラテン語、科学、聖書に精通しているという設定です。外見はちょっと変わっている

けれども，誰にでもできるわけではない高い専門性を要求する職業として描かれています。

セクシー系

　これとまったく正反対なのがセクシー・ライブラリアンです。このタイプは図書館で実際に働くライブラリアンを反映しているというよりは，男性の性的妄想をかきたてる対象としてつくられたイメージのようです。日本でいうと，セクシー秘書のような位置づけでしょうか。胸のあいたシャツにタイトなミニスカートをはき，やはりメガネ，しかも必ずセルフレームのメガネをかけ，赤い口紅をしているのが特徴です。

　『ニューヨークの人気スタイリストが教える似合う服がわかれば人生が変わる』（ジョージ・ブレシア）の中では，ペンシルスカート（ウエストから裾までがペンシルのような細身のタイトスカート）について解説した箇所にこんな表現があります。

> （ペンシルスカートは）シルクのブラウスを合わせればオフィスに，シャイニーなタンクトップとヒールを合わせればパーティへも着ていけます。カーディガンとタイツとパンプスを合わせればセクシーな図書館司書

3…ライブラリアンの社会的イメージ　　31

(男の人が書棚の陰でばったり出会いたいと妄想しているタイプです)。
(傍点は筆者)。

このセクシー・ライブラリアンから想像されるライブラリアンという職業は，ホステスなどと同様に男性を喜ばせるためだけの職業というイメージです。

意識高い系，ヒップスター

もうひとつ，近年のライブラリアンのステレオタイプとしてヒップスターがあります。ヒップスターとはヒップホップやヒッピーなどと語源が同じですが，誰もまだやっていないようなファッションやカウンターカルチャー，インディな音楽を好み，タトゥーを入れるなど，時代の最先端を先取りして世の中を斜に見るといった人々です。この言葉自体はあまり好意的な意味でとらえられてはおらず，どちらかというと自分以外の人を見下すといったニュアンスも含まれています。ライブラリアンの社会的なイメージの反動として，このような「意識高い系」のスタイルがもうひとつのライブラリアンのステレオタイプとなっています。

USA Todayの記事

　アメリカのライブラリアンは日本とは比較にならないほど理想的な環境で情報専門家としての職務を全うできているイメージがありますが，いろいろな人に聞いたところでは必ずしもそうとは限らないようです。潤沢な予算をふんだんに使える図書館もあれば，常に予算削減に頭を悩ませている図書館もあります。そして，上記のようなステレオタイプは厳然と存在します。

　また，専門性をもったサブジェクトライブラリアンが数多くいるにもかかわらず，「本を貸し出すだけの単純労働の人」というスーパーの店員的なイメージをもたれている場合も少なくありません。それを示すのが，2017年10月に，全米デジタルニュース配信サービスのUSA Today Networkに掲載された「2030年に消滅する8つの職業」という記事です。新聞配達，お店のレジ，受付，テレマーケティング，旅行代理店，これらの職業と並んでライブラリアンが「消滅する職業」として挙げられたのです。記事には以下のように書いてありました。

> 紙の代わりにタブレットやキンドルに電子書籍をダウンロードする人はますます増えている。同じことが本の貸出にも言える – 紙の本が人気を失うにつれて，図書館はかつてのようにポピュラーではなくなった。つまり，あなたがライブラリアンになろうと思ったら，仕事探しに苦労するのはまず間違いないということだ。多くの学校や大学ではすでに図書館そのものを書架からインターネットに移している。

　これは，情報はすべてデジタルになったら，紙を扱うライブラリアンはいらない，つまりライブラリアンは紙の本しか扱わないという思い込みも当然含んでいます。

　このようなイメージを払拭するため，ライブラリアン側からの情報発信の試みも行われています。2017年に出版された『This Is What a Librarian Looks Like: A Celebration of Libraries, Communities, and Access to Information』（これが本当のライブラリアンだ：図書館，コミュニティ，そして情報アクセスに

祝福を）というフォトエッセイでは，220人のアメリカライブラリアンが自身のポートレートとともに図書館の仕事に対する思いをそれぞれ語っています。

　　私は自分が生きたいと願う世界をつくる手伝いをしているの。そんな素晴らしい仕事を他の人に任せるなんて考えられないわ（シンシア・バラン　学校司書）

　　誰もが図書館が何かを知っている。でもライブラリアンが何をする人かはほとんどの人が知らない。何をやっているかって？　全部だよ！　僕らは君たちのために存在しているんだ（フィル・チャングハム　ライブラリースクール学生）

　　もしあなたが生涯通じての学び，民主主義，平等といったものを大事に思っているなら，図書館を大事に思うはず。だから私はライブラリアンになったの。私は人々の人生を成功させるお手伝いがしたい（アン・フォー　大学図書館）

　　インターネットで我々が不要になるどころか，逆に我々の必要性は高まっていると思うの。どんな図書館でも，行けば無料でアクセスができて，親切にサポートしてもらえて，巨大なオンラインの宇宙へのナビゲーターになってもらえるのだから（マンディ・マクギー　公共図書館）

　このように，情報専門家としての熱い思いを言葉にしているのと同時に，ピンクの髪や革のジャケットを身にまとった人，ボタンダウンやブレザーのかっちりしたかっこうの人など，必ずしもライブラリアンの外見はひとつではないというメッセージを伝えています。このような外に向かっての情報発信は，参考にすべきところも多いのではないでしょうか。

この章のまとめ	1．ステレオタイプなライブラリアン像は日本にもアメリカにも依然として残っている。
	2．アメリカのステレオタイプは大きく4つに分かれ，日本よりバリエーションに富んでいる。
	3．いずれにしろ，ライブラリアンの役割を正しく伝える情報発信は重要である。

おしゃれに否定的な人の思考

軽薄, 表層的, 贅沢なもの？

　ここまで読んできたみなさんの中には，スタイリングとあなたの仕事，スタイリングとあなたのキャリア，そしてスタイリングとライブラリアンの社会的認知度との関係について，まだピンとこない人がいるかもしれません。

　実際，ライブラリアンや研究者など，知的職業といえる仕事に従事している人の中には，「ファッション」や「おしゃれ」，「外見に気を使う」といった言葉に抵抗感をもつ人が少なくないようです。

　「外見だ，服装だとちゃらちゃらする前に専門性を磨け」とどこかからお叱りの声が聞こえてきそうですし，さらにここに「身だしなみ」の概念が入ると，途端に「おしゃれ」の分が悪くなるのです。

　実際，竹岡さんのクライアントでもライブラリアンや研究者など，知的職業

とされる仕事に従事する人は「おしゃれに時間をかける人は頭が悪い人」と思い込んでいることが非常に多く，そのマインドセットを解くのがとても大変だそうです。

　彼らがなぜ「ファッション」「おしゃれ」という行為に対して抵抗感を抱くかというと，そのひとつには，これらの言葉に，どこか軽薄で表層的，さらには贅沢なイメージが漂うからではないかと思います。

　また，「私なんかおしゃれしてもしょうがない」「あの人いい年してなに頑張っちゃってるの？と笑われたくない」という自意識過剰な自己防衛が働くということもあるでしょう。

　さらに，外見の装いは個人の自由な表現なのだから，それを他人がとやかく言うべきではないという考えの人もいます。そのように言う人は，その人自身がすでにおしゃれで，そもそもおしゃれのセンスがない人の気持ちを想像できない場合が多いようです。

　いずれにしても，たとえば「おしゃれなんかにお金と時間をかける暇があったら，一冊でも本を多く読む」「ファッションなんかにお金と時間をかける暇があったら，仕事をもっと頑張る」ということを平然と口にしたとしても，その発言であまり非難されることはありませんね。ところが，「私は読書なんかにお金と時間をかける暇があったら，服を山ほど買う」はどうでしょうか。なんだか軽薄の極み，という雰囲気が漂いませんか。実際はどうあれ，そんなことを口にする人は少ないのではないでしょうか。つまり，このことは，「ファッション」や「おしゃれ」が知的な活動よりも一段次元の低いものだと位置づけられていることを示しています。

　かつては私も多少なりともそんな風に感じていました。これには育った環境がかなり影響しているように思います。

思春期にかけて形成される価値観

「鏡に向かって色気づいている暇があったら家の手伝いをしなさい」「本の一冊でも読みなさい」「社会の問題を真面目に考えなさい」などなど，私は子どもの頃から思春期にかけて，母親から相当いろいろなことを言われました。

「何を着ようかと自分のからだのことで思いわずらうな」とは新約聖書のマタイによる福音書の6章25節の言葉です。この聖書の言葉どおり，まさしく着るものについて思い煩うことは，罪悪，まあそこまではっきり言わないまでも，あまり大っぴらに自慢気に行うものではないという暗黙の了解がありました。

また，「本をいっぱい読んで知識を得る」「漢字がたくさん書けるようになる」「クラス委員をやる」「良い成績をとる」「良い学校に入る」など，こうした知的な成功体験を積むことで，外見にこだわることはそれよりも劣ること，外見に時間とお金をかけることは低俗なものであるという考え方が深くしみついていました。

服を買うことは「もったいない」こと

私の母は洋裁が得意な人でしたが，おしゃれのセンスがある人ではありませんでした。センスがないという表現が母の名誉を傷つけるとしたら，「自分なりのこだわりが強い人」と言いかえてもよいかもしれません。いずれにしても，まだ昭和の時代の昔，洋裁は当時の主婦としては重要なたしなみであり，立派な家事のひとつでしたし，足踏みミシンはどの家にもありました。東京などの都会ではどうだったか知りませんが，母にとって子どもの服は買うものではなく，家計の節約のために作るものでした。料理よりも洋裁が好きだとよく言っていたので，趣味のひとつでもあったのでしょう。しかし，自分の趣味だから，好きだからという理由で積極的に手づくりするというよりは，お金を出して服を買うということ自体が，洋裁ができない落第主婦を意味し，恥になる，そして贅沢であるという意識が非常に強かったと思います。

それで思い出すエピソードがあります。時折，私が街で素敵な服を見かけて「これを買ってほしい」と言うと，決まって「えー，こんなのお母さんにも作れるよ。こんな値段で買うなんてもったいない。お母さんが作ってあげる」という答えが返ってくるのです。一見，なんて良いお母さんなんだと思いますよね？　昭和の母の鏡とも言えそうです。しかしながら，今となっては笑い話でもあり，思い出のひとつにもなっていますが，実際にはこの手づくりにはみっ

4…おしゃれに否定的な人の思考　37

つの問題点がありました。

　ひとつは仕上がるまでに非常に時間がかかり，私自身も頼んだことを忘れてしまった頃にできあがるということです。もちろん作ってもらうこと自体は感謝しなければなりませんが。

　ふたつめは，新聞紙やデパートの包装紙を再利用して自己流でとった型紙を元に作りますから，オリジナルとは似て非なる「なんとも微妙な」デザインに仕上がるということです。ファッションプロデューサーのしぎはらひろ子さんが，『何を着るかで人生は変わる』の中で，「洋服の値段の差は型紙の差である」と述べていますが，これは素人にはなかなかわかりません。高い服がなぜ高いかというと，体を美しく見せることと，デザイン的に魅力的であることへの「徹底的なこだわり」があるためで，試行錯誤の末に作り上げる型紙には大変なコストがかかるからだそうです。もっとも今話題のZOZOスーツのように今後AIが発達すれば，こだわりの型紙も簡単に作れる時代がくるかもしれません。しかし，直線断ちの和裁の文化で幼少期を過ごした私の母のような日本人には，当時はなかなかピンとこないところだったと思います。

　そして，みっつめ，これが今にして思えば一番の問題でしたが，作ってもらう洋服にどんなものを合わせるのか，コーディネートのプランが母娘そろってまったくなかったことです。たとえば，高校生の頃，どこかから手に入れた大量のなめし皮の端切れをつなぎ合わせて，カジュアルなコートを作ってくれたことがありました。母の知人がそれを見て「ボロルックで素敵ね」と言いましたが，当時の私はボロルックがコムデギャルソンで一世を風靡したスタイルということも知りませんでしたし，制服だろうがワンピースだろうが，どんなものにでも合わせて防寒具として着ていました。

　とにかく，与えられたものを素直に着る子どもが良い子どもであるという価値観が体にしみついていましたから，たとえ微妙なデザインでちぐはぐなコーディネートだったとしても，文句も言わずに着ていたわけです。

　その後，時代が変わって服はお金を出して買うことが普通になってからも，外見にお金をかけることは贅沢で軽薄なことであるという価値観はほとんどゆるぎないものとなっていました。

　人間，どんなことでも訓練がなければ上達しませんよね。ピアノしかり，英

会話しかり，スポーツしかり，カラオケしかり，お習字だって絵だってそうです。ファッションのセンスも例外ではありません。お手本があり，そのとおりに真似をし，時には失敗し，フィードバックをもらい，改善すべき点を改善し，これを繰り返すうちに人から褒められる域にまで到達するのです。ところが私は，ファッションに関しては完全に訓練をしないまま大人になってしまいました。実は，13章でインタビューに登場してくださった河合郁子さんも，まったく同じことを言っています。考えてみたら自分もそうかもしれない，と思い当たる人もいるのではないでしょうか。

見た目で人を判断するな

ファッションやおしゃれ，外見を整えるといったことが表層的で軽薄で贅沢なものだという刷り込みは，「人を見た目で判断すべきでない」という人としてのモラル，倫理観によっても強化されます。

たとえば英語には，外見で人を判断することを戒める実にたくさんの表現があります。

Beauty is only skin deep. （美しさは皮一重にすぎない）

Appearances are often misleading. （外観はしばしば誤解を招く）

Looks are deceiving. （見た目は人を欺く）

What really matters is invisible to the eyes. （本当に重要なのは目に見えないものだ）

One sees clearly only with the heart. （人は心でしかはっきりと物を見ることはできない）

Looks aren't everything. （見た目がすべてではない）

All that is gold does not glitter. （金であるものすべてが光るわけではない）

Don't just look at the surface. （表面を見るだけではだめ）

Don't just scratch the surface. （上っ面をなでるだけではだめ）

そして，とりわけ，ライブラリアンをはじめとする図書館関係者に響くのは，このことわざではないでしょうか。

4…おしゃれに否定的な人の思考　　39

Don't judge a book by its cover.（表紙でその本を評価するな）

　これらの「見た目で人を判断してはいけない」という，人として大切なモラルに異を唱える人はいないと思います。

　彫の深い顔立ちとスタイリッシュなスーツ姿で，テレビのコメンテーターとしてひっぱりだこだった経営コンサルタントの男性が，経歴詐称がばれてすべての番組を降板し，メディアから一時期姿を消した出来事はみなさんの記憶に新しいことでしょう。彼の外見で人々の評価にバイアスがかかっていたことは，その後のさまざまなニュース，それに関する有識者のコメントを読んでも明らかです。この時に「ああ，やっぱり人間は見た目で判断しちゃいけないんだ」と思った人も多いことと思います。

　堺雅人主演でも映画化された「結婚詐欺師クヒオ大佐」は，結婚詐欺師が，本当は純粋な日本人であるにもかかわらず，米軍パイロットの扮装と片言の日本語で次々と女性をだまし，まんまとお金を巻き上げた実話が元になっています。私はたまたまこの事件を大学生の頃にリアルタイムで知り，新聞記事も読みましたが，写真で見る実際の逮捕された男性は，どう見ても米軍パイロットという雰囲気でした。これは騙されても仕方ないと思いました。

　このように「人は見た目で判断してはいけない」ことを裏づける材料は小説や映画や実生活のニュースに山のようにあります。

　しかし，これらの事例は逆を言えば「人は瞬間的に見た目で判断してしまうものだ」ということを端的に表しています。人間は目の前にいる人がどんな人かを非言語情報から瞬時に読み取ってしまう性質を生まれながらにしてもっているのです

この章のまとめ	1．知的職業に携わる人はおしゃれに否定的な傾向がある。 2．見た目で人を判断してはいけないという倫理観がおしゃれを否定させる。 3．しかし，人は生まれながらにして見た目から非言語情報を読み取る生き物である。

非言語情報と
コミュニケーション

5

シン・スライス

　人間は目の前にいる人がどんな人かを，非言語情報から瞬時に読み取ってしまう性質をもっています。
　さらに，その非言語情報による判断は意外に正しいという研究があります。「シン・スライス」（thin slice，薄いスライス）という言葉を聞いたことがあるでしょうか。通常，シン・スライスはCTスキャンなどの薄切り画像を指す言葉ですが，これを社会心理学用語として使ったのがハーバード大学教授のナリニ・アンベディとロバート・ローゼンソールです。
　アンベディが行った有名な実験があります。学生たちに，彼らがよく知らない教員の動画を10秒間見せて，その先生の好感度や誠実さ，能力，その他の資質について評価をさせます。すると，その結果は，学期中ずっと授業を聞いて

その教員の人となりを知っている学生のそれとは大きく違わないものでした。つまり学生は，その先生の授業を受ける前に，外見やたたずまいなどのわずかな情報から，その先生が良い人か，有能か，誠実であるかなどを見抜いてしまっているのです。

　この人間の直感に関する研究から，シン・スライスは「30秒以内で人を判断する代名詞」としても用いられるようになりました。

　アンベディは非言語的な手がかりによる判断は，生物学的なものであり，意識の外で行われるもの，また，認知処理のための情報を必要とせず，自動的に行われるものだと述べています。

　どうやら私たちは「見た目で判断をすべきでない」という人としてのモラルの問題と，「自分自身は見た目で判断される」という事実を分けて考える必要がありそうです。「見た目で判断すべきでない」ということは，あなた自身の人間性と大切なモラルの問題ではあるものの，これがそのまま「あなた自身がどうでもよいかっこうで人前に出て仕事をしてもよい」という理由にはならないのです。

　先に紹介した，「Don't judge a book by its cover」すなわち「表紙でその本を評価するな」。この言葉を，額面どおりに受け取る人はいないでしょう。さもないと世の中に出回っている本はすべて文字情報だけがあればよく，装丁やデザインなどどうでもよい，ということになります。

　ワインや日本酒にも同じことがいえます。エチケットと呼ばれるラベルのデザインや字体には相当なこだわりがつまっています。味が良ければペットボトルのような容器だろうがなんだろうが構わないという人はいません。

　最近は音楽CDを買う人も少なくなってきましたが，ジャケ買いする人を批判する人はいません。しかもジャケ買いをしたら，実は内容もすごく良いアルバムだった，という話もよく聞きますよね。

　日本図書設計家協会が主催する東京装画賞では，その選考基準を「本の魅力を伝え，読者の手に取らせる力のある作品」としています。言うまでもなく本の表紙は，読者と著者をつなぐ最初の入口として大切な役割を果たすわけです。

　これをライブラリアンにあてはめると，あなたの外見や装いは利用者と図書館サービスをつなぐ最初の重要な入口ということになるわけです。

「外見力」の重要性

　国際イメージコンサルタントの大森ひとみさんは「外見力」という言葉を提唱し商標登録もしています。『男が上がる！　外見力』の中で，大森さんは「100％の力で戦うためには，自分の魅力を『可視化』すること，つまり，あなたのキャリア，スキル，リーダーシップを『目に見える形』にすることが不可欠」であると述べています。

　また，ナポレオン研究で名高い，19世紀のフランスの歴史家，オクターヴ・オブリ編の『ナポレオン言行録』には，「人はその制服のとおりの人間になる」という言葉があります。イメージコンサルタントやスタイリストの肩書をもつ人々の多くがこの言葉を引用しています。元々この言葉は原標題「ナポレオンの不滅の頁」の最終章「随想と箴言と」の中に羅列してある多くの語録のひとつであり，本来どういう意図で発せられたのかは不明です。したがって，語録自体がひとり歩きしている感も否めませんが，とにかく，髪型や服装，立ち居振る舞いを変えれば，中身がその外見に追いつく，それほど人生が変わるほどのインパクトがあるという文脈で用いられることが多いようです。

　イメージコンサルタントやスタイリストの人たちは，スタイリングという仕事を通して，人が着るものによって人生に変化を起こす様を日々目の当たりにしているので，そのことを彼らのもつエビデンスと共に発信しているのです。

「司書っぽい」印象は損をする？

　先日，とある公共図書館の面接を担当している人からこんな話を聞きました。「『司書っぽい人』ばっかり来るので，落とすのが大変なんです。なかなか良い人がいなくて」。

　そうなのです。昨今「司書っぽい人」は面接で真っ先に落とされる対象となっているのです。逆に好印象を与えるには「司書っぽくなく」する必要があるのです。

　では「司書っぽい人」とは，いったいどんな人でしょう？

5…非言語情報とコミュニケーション　　43

面接に来る人は圧倒的に女性が多いため，女性中心の特徴になってしまいますが，こんな人を「司書っぽい」と感じるようです。

- 学生みたいなソックスを履いている。
- 髪の毛を手入れしておらず，キューティクルがぱさついている。
- メイクをしていない。
- おとなしい，暗い。
- 「本が好き」「本に囲まれた空間が好き」と言う。

　「なんと失礼な，私はこんなんじゃない！」と思う方もいるでしょう。しかし，事実こういう人が多いのだそうです。また，面接において「本が好きです」と平然と言ってのける人は，よほど準備が足りない人ではないかと思います。今どきの図書館がどのように進化を遂げようとしているのかについて勉強していないことをさらけだしているようなものです。本好きな気持ちは心の中にそっとしまっておきましょう。しかし，それ以前の第一印象がもっと大事です。ソックスを履いてノーメイクでぱさついた髪だったら……？　その人は図書館だけでなくどんな職場でも厳しいのではないでしょうか。

　13章でインタビューに登場してくださった重森貴菜さんは「司書らしさ」を意識的に出すようなスタイルを心がけていると話しています。しかし，この「司書らしさ」の中身をよく見ると，「本来もっているべき専門性を外側にわかりやすく表現する」ことであり，上記の面接担当者が口にする「司書っぽさ」とは意味が違うことがわかります。

　面接こそ，シン・スライシング，30秒以内での印象づけへの対応が非常に重要です。ぱっと目につくところでマイナスの印象を与える要素はできるかぎりなくしたいものです。

この章のまとめ	1．非言語的情報からの判断は，生物学的なものであり，意識の外で行われる。
	2．自分の魅力を可視化することが重要である。
	3．面接において「司書っぽい」印象を与えることは避けたほうがよい。

危機管理対策としてのスタイリング

クレーマーはあなたの身なりを「解読」する

　図書館は館種により程度の差はあっても，不特定多数の利用者を相手にする職場であるためクレーマー対応も不可欠です。
　クレーマーはそもそも承認欲求のかたまりのような人たちであり，瞬時に自分と相手の上下関係を把握します。クレームを言ってもよい相手と判断するその嗅覚の鋭さは驚くべきものです。クレーマーはあなたを見て，身なりが発するメッセージを「解読」します。相手が自分より弱いと思えば，安心して攻撃を開始します。これをかわすためにはクレーマーに負けないだけの自信をもつ必要があります。

「私は大事にされなくて構いません」というメッセージ

　元ANAの客室乗務員で，VIP特別機の担当乗務員として活躍された里岡美津奈さんが，『いつもうまくいく人の感情の整理術』の中で，同じ制服を着て，同じように接遇をしているCAなのに，人によって顧客からクレームを受けやすい人と，そうでない人がいるということを指摘しています。

　クレームを受けやすい人は，まず「余裕のない人」だそうです。そして，「余裕のなさが身だしなみや立ち居振る舞いに現れてくる」のだそうです。

　考えてみれば確かにそうですね。朝，もうあと30分早起きして髪やメイクにかける時間をとればいいところ，その余裕がなくて「ああもうこれでいいや！」と思ってそのまま出かける。私にも身に覚えがあります。

　髪を巻く時間がないから毛先がばさばさのまま出かける。ファンデーションを塗る時間がないから，眉毛を適当に描いて口紅だけ塗っていく。履こうと思っていた靴のヒールが壊れていた，ちょっと変だけど色が合わないこっちの靴でいいや。荷物が多くていつものバッグに入りきらない。色が合わないけど，この前展示会でもらったトートバッグを使っちゃおう……。

　これすなわち，「私は自分を大事にしていない，そのような扱いを受けても構いませんよ」という非言語のメッセージを発しているのですね。その態度自身がクレーマーのかっこうの標的になりうるということではないかと思います。

　里岡さんはクレームを受けやすい人には，信頼をもってもらえるような身だしなみをすることをアドバイスしています。CAの方であれば髪を後ろできっちりまとめていますので，おくれ毛などの処理に気をつけると，それだけで周囲に与える印象が変化し，クレームがかなり減るそうです。

　図書館，とりわけ公共図書館はより幅広い層の不特定多数を相手にする場所であるため，一定の社会階層に属する顧客に対応するCAの方とは違った難しさがあると思います。しかし外見を整えることは重要なリスクマネジメントのひとつといえます。

手ごわさも武器になる

竹岡さんにビジネスシーンでのスタイリングをお願いした際,「今回は『手ごわいキャリアウーマン』を演出しよう」と提案されました。当時私が営業として扱っていた製品は,図書館の通常予算ではとても賄えない高額なものばかりでしたから,その製品の価値について契約主体となるライブラリアンに理解してもらい,予算をどこかから工面してもらうという一連の作業をお願いしなければ契約に結び付けることができませんでした。

営業というと,なんとなく頭を下げながらもみ手ですり寄っていく御用聞き,無理難題を押し付けられても文句も言わない人,というイメージがあるかもしれませんが,もみ手をすりすりするだけで売れるような製品ではありません。「この人と付き合うと自分の勉強になる」とか「この人に理不尽なことは言えない」と感じてもらうために,勉強や不断の努力が必要なことは言うまでもありませんし,提供する製品が対価に見合ってないことには話になりません。しかし,プラスアルファで,竹岡さんがスタイリングしてくれた「手ごわいキャリアウーマン」風の外見は,お客様とのミーティングに自信をもって臨むうえで,自分を守る大事なツールとなりました。

時には大学経営に携わる副学長や気難しい理事の方とお会いしたり,シンポジウムで何百人もの前でプレゼンをするなど,いろいろな経験をしましたが,緊張することがなかったのは,自分のスタイルによって相手がもつ第一印象に間違いはないはずだという自信が7割以上を占めていたためだと思います。

顧客である利用者と対峙する図書館においても,(単なる身だしなみというレベルではなく),外見を素敵に整え,自己肯定感を高め,自信をもって利用者に対応することは,情報専門家と利用者との対等な関係を構築するための第一歩といえるでしょう。

この章のまとめ

1．クレーマーはあなたの身なりを解読し，上下関係を瞬時に判断する。
2．自分を大事にしていないという情報は簡単に伝わる。
3．自信をもって相手に接するには手ごわい外見も時に重要である。

ライブラリアンの制服は諸刃の剣

仕事の質を高める服装とは

　図書館，とりわけ公共図書館での制服は，本来そうあるべきとされているいわゆる「情報専門家」としての仕事の質を高める効果はあるのでしょうか。
　私は，その答えはイエスでありノーであると思います。
　日本大百科全書（ニッポニカ）の解説によれば，制服は「一定の集団や団体の性格を表す機能をもち，集団内では連帯意識を高めること，外的には職業や階級や役割などを明示することを目的として」います。
　心理学者のケリー・マクゴニガルは『スタンフォードの心理学講義：人生がうまくいくシンプルなルール』の中で，「装いの認知力」の効果を紹介しています。これは，ノースウェスタン大学の心理学者たちが名づけた研究結果ですが，それによると自分はこうなりたいと思う特徴と，装いをリンクさせること

で，実際にその特徴を表現したり，仕事の質が高まったりするというものです。たとえば医師や科学者の白衣がこれに当たります。白衣を着ていることにより患者である私たちは安心感を覚えますし，医師自身もプロとして質の高い仕事をすることができるということです。ほかにもCAやパイロット，裁判官の法服，スポーツ選手のユニフォーム，いろいろな例が思い当たりますね。

「着せられている」のか「着こなしている」のか

　機能性しか考えなかった時代の事務服とは異なり，今は指定管理の公共図書館中心に，かなり洗練されたデザインの制服が増えました。

　しかし，その制服を着こなしているのではなく，着せられている印象の人が少なからずいるように思います。たとえば，竹岡さんが「スーパーの店員のようでとても相談できる人には見えない」と辛口コメントしたカウンターの職員の方は，ノーメイク，しかも前髪が目にかかるほど長いので，表情が読めませんでした。直毛を後ろでしばっているだけの人もいるし，くたびれた靴を履いている人もいました。素敵な制服でもトータルでその素敵さを打ち消してしまっていました。

　先日，ある指定管理会社の広報の方からこんな話を聞きました。制服のサイズについて希望をとると，多くの人が，お尻を隠したいなどいろいろな理由で自分の本来のサイズより大きいものを希望する，せっかくカッコいいデザインにしたのにどうしたものでしょう，というのです。

　その時には私自身も明確な答えをもっていなかったのですが，今思うことは「制服を着こなすのも仕事のうち」ではないか，ということです。だとすると，サイズについては，本人の希望優先ではなく，試着をしてもらったうえで会社が指定するということがあってもよいかもしれません。

　また，黒いベストとパンツに，暗い色のシャツを合わせたり，さらにその下に防寒対策でさらに黒のタートルネックのコットンシャツを着ていたりする人を見かけます。それだけで顔映りが悪くなり，暗い印象を人に与えてしまうのはもったいないことです。

　つまり，制服を「着せられている」人はイメージどおりのスタイリッシュさ

には程遠いのです。上手に着こなせない制服は，仕事の質を高めるどころか，逆の効果をもたらすのではないでしょうか。

「あのエプロンをした人たちは誰か」

図書館のもうひとつの代表的なユニフォーム，エプロンについては昔からさまざまな議論があるものの，日本ではすっかり定着しています。私自身も30年以上前の学校司書時代の写真を見たら，やはりエプロンをしていました。

しかしこれは外国人から見ると非常に珍しいスタイルのようです。以前，アメリカの公共図書館関係者に日本の公共図書館を案内する仕事をしました。彼がまっさきに私に聞いたのが「あのエプロンをしている人は誰か」という質問です。児童サービス担当のライブラリアンがエプロンを着用するケースはアメリカでも時々ありますが，それ以外に仕事のユニフォームとして着るケースはまずないので，エプロン姿の人が何をする人なのかがわからなかったようです。

エプロンを肯定する人は，汚れ作業が多いライブラリアンには必須アイテムだからということを主な理由として挙げます。確かに機能性を考えればそのとおりです。だとしたら，日本だけでなく海外でもエプロン着用のライブラリアンがもっといてもよさそうなものです。しかし，私がアメリカにいた当時，大学図書館でも公共図書館でもエプロンを着用している職員はいませんでした。香港のライブラリアンの友人に，公共図書館も含めたさまざまな館種の図書館を案内してもらった際にも，エプロン姿の人にはまったく出会いませんでした

「人はその制服のとおりの人間になる」というナポレオンの言葉のとおり，制服には帰属意識や職業意識を高める目的があります。エリート校に通う生徒は制服を身に着けて，まわりの人の「おお，あの学校に行っているのか，すごい」という反応を感じとり，それにふさわしい学生になろうとします。

その点でいうと，医学図書館で時折職員が着用している白衣については，私は「あり」ではないかと思っています。同じ白衣を着ているクライアントである医師や学生に，知的で専門性が担保されているような印象を与えていると思うからです。

一方，エプロンはどのような印象を利用者に与えるものなのでしょうか。児

童サービスには適しているかもしれません。エプロンという記号がお手伝い，お母さん，保育士さん，料理を作る人，お掃除をする人など，基本的に「お世話をする人」を表すものだからです。

添乗員という仕事から見えたもの

私は2015年にそれまで勤めていた会社を辞めて独立し，ラピッヅワイドという会社組織をつくり，そのプラットフォーム上でさまざまなことを行っています。海外からの図書館関係者が日本の図書館を視察するサポートなどの仕事をいくつか手がけ，そこから，図書館とツーリズムに関心をもつようになりました。そこで，自分の会社としてきちんと旅行業法にのっとったビジネスができるよう準備を進めています。その最初のステップとして，私自身がいわゆるツアーコンダクター，添乗員の資格を取り，現在ある派遣会社に登録して国内バスツアーなどの添乗業務の経験を積んでいるところなのです。

この旅行添乗員という世界，これは図書館界に負けず劣らずさまざまな「お作法」があります。

添乗員として働くには旅程管理主任者という資格が必要です。ライブラリアン同様，実はさまざまな知識と能力が求められます。顧客に対する情報提供者であり，旅の行程をつつがなく遂行するためのファシリテーション力も求められます。しかし，社会的評価がいまひとつで，待遇も良くない。添乗員として働く人の9割は非正規で，フルタイムで働いても平均年収は300万円以下。この仕事だけで食べていくのは非常に困難です。それなのに，インバウンドの需要ともあいまって，旅行業界では重要な労働力となっています。つまり，図書館業界とそっくりないびつな業界構造になっているのです。

そして見た目の地味さ。添乗員付きツアーに参加したことのある方はわかると思いますが，多くは，黒のパンツスーツを着用し，髪は後ろでしばり，黒い靴を履いて，肩かけバックをたすき掛けにしています。

国内添乗か海外か，また登録する会社によっても基準はまちまちですが，私が登録した会社では次のようなドレスコードがありました。

・スーツは黒かベージュか紺のスーツ。必ずセットアップであること。スカ

ートではなくパンツ推奨。

- ヒールはないといけないが，走れないといけない。つまり，履きやすくて歩きやすいおしゃれ感ゼロの靴であること。
- 襟付きのシャツ。白か薄い色のもの。
- ゴールドのアクセサリーはNG。シルバーで目立たないものかパール。大きいイヤリングやピアスNG。
- ネイルはベージュか薄いピンク一色。ストーンなどの飾りはNG。
- すっぴんはNGだが，濃いメイクもNG。
- 髪は黒かそれに近い色。

　さて，私は一応このルールを守り，黒髪のウィッグをつけて業務に当たることにしましたが，驚いたのは自分自身が心理的にどんどんネガティブな方向に変化したことです。

　黒髪をおだんごにし，黒のスーツを着て，中は襟付きの白シャツ，黒の靴を履く。まるで50代のオバさんが就職活動中の学生のコスプレをしているような感じです。それだけで人に見られたくない，こんなオバさんに注目しないで，という意識が明確に働きます。すると，日帰りバスツアーに添乗しても，お客様に積極的に話しかけたくありません。当たり障りのない業務に終始し，こんな工夫をしたらどうかなどと考える気も起きません。早く家に帰ってこの変なかっこうから解放されたいと思う気持がどんどん強くなります。

　これは仕事に良い影響をまったく与えない，これではダメだと思いました。

　そこでドレスコードはギリギリ守るとして，髪はカラーリングした地毛のまま，大きめのリボンクリップで髪を挟み，後頭部を若干盛り上げるようにしました。つまり，私と同年代のマナー講師の先生が研修でやっていたのと同じ髪型にしました。そして，基準いっぱいの大きさのパールのピアスをしました。パンツではなくスカートを履くことに決めました。ジャケットの下はボウタイ風の飾りのついたブラウスにしました。

　これだけで気分がかなり変わり，そのスタイルで添乗した日のアンケートでは20代の参加者から「添乗員さんがかわいかった」というコメントもいただいたほどです。評価も格段に良くなりました。

制服にしろ，それに準ずる厳しいドレスコードの服装にしろ，これらのスタイルの共通点は，色が濃くて汚れが目立たず，洗濯が楽であるという点です。つまり，いくらでも易きに流れ，「手抜き」ができてしまうのです。その結果，添乗員の中には上下素材の異なるくたびれたジャケットとパンツを身に着けていたり，すり切れた合皮の靴を履いていたり，非常に貧相な驚くようなかっこうで仕事に臨んでいる人もします。

図書館に話を戻しますと，エプロンを制服に選ぶ図書館の責任者は，その図書館をどうしたいのか，そこで働く人をどのように位置づけるのか，明確なビジョンと併せて再考する必要があるように思います。13章でインタビューに答えてくださった南山宏之さんは，制服のコンサルティングも手がけているブランディング会社の経営者です。南山さんによれば，制服はその組織における「ドラマツルギー」としての役割をもつそうです。仕事の現場をひとつのステージとして見立て，キャストがどういう風に演じるかを考えるうえで，それぞれの役割に合った制服があるということです。詳しくはインタビューをご覧ください。

実際には，決まりがあればあるほど，サイズと着こなしには私服の時よりもさらに気を使う必要があるでしょう。気をつけるべきいくつかのポイントについては，竹岡さんからのスタイリング指導の経験と合わせて後半で述べることにしましょう。

| この章のまとめ | 1．制服で仕事の質を高めるには，着こなしが重要。
2．サイズ感を大切にし，デザイナーの意図をくみ取る必要がある。
3．制服を選択する場合，図書館のビジョンとそこで働く人の位置づけを明確にすることが重要。 |

自己承認が自分を変える

どんな人にも関係がある問題＝自己承認

　ここまで主に「他者から見た自分」という観点からスタイリングについて述べてきました。しかし外見を装うことは，他人がどうこうというよりも，自分自身の自己肯定感とより密接に関連しています。
　ですから，必ずしも図書館で人前に出るカウンター業務を担当するライブラリアンだけでなく，バックヤードの人，管理職，あらゆる人に外見にこだわるということは関係があります。

「一切まーったく構わない感じの人じゃなかった？」

　私は前述のとおり，慶應義塾大学で図書館・情報学を専攻しましたが，恥ずかしながら，学生時代は１ミリたりとて真面目に勉強したことはありませんでした。児童サービスに関心があると言っていたにもかかわらず，情報収集もしないままに４年生を迎えました。当時はバブル経済の真っただ中。クラスメイトは銀行だ，証券会社だと次々に内定をとりまくっていました。そんな中，就職活動もせずにぼやぼやしていると，ゼミの糸賀雅児先生が，慶應義塾幼稚舎という小学校の図書室に，３年間の期限つきの嘱託という条件での仕事があると教えてくださいました。学校図書館としては最先端の恵まれた環境の図書室です。「まあ，児童図書館も学校図書館も似たようなもんだろう」。無知蒙昧な私はほとんど考えなしにこの話に飛びつき，結局，ほかの就職活動は一切しないまま卒業。慶應義塾幼稚舎で学校司書としてのキャリアをスタートさせたわけです。

　当時の図書室は，司書教諭の主任の下にフルタイムの嘱託職員２名（私がそのうちの１人），そのほかは幼稚舎から大学までエスカレーターで慶應という，いわゆる生粋のお嬢様の卒業生数名が交代で手伝うという体制でした。

　ところが，やはり何ができて何をやりたいのかを自分自身がまったくわかっていなかったことに加え，志の低さが災いし，せっかくゼミの先生からの紹介で入れていただいた職場をたった９カ月で辞めてしまいました。その後，先生からは，社会人としての常識を正すきつーいお叱りのお手紙をいただいたことを鮮明に覚えています。私が30年近く封印していた黒歴史のひとつです。

　なぜ，こんな恥ずかしい話を延々書いたかというと，つい数年前，当時その図書室で一緒に働いていた，「元お嬢様」の一人とある場所で偶然再会したかです。

　私が自分の旧姓を告げると，最初彼女はなかなか思い出せない様子でした。当たり前です。９カ月しか働いていないうえに，ろくな仕事もしていないのですから。

　ところが，しばらくじーっと私の顔を見ていると，ふと「もしかして……」

と何かを思い出したようでした。

「こんなことを言ってはとっても失礼だけど，ほんとにほんとに失礼だと思うんだけど……」。

何度も「失礼だけど」を繰り返し，口ごもりながら，彼女はこう続けました。

「あのー，着るものとかおしゃれとか，一切まーったく構わない感じの人じゃなかった？」

私は穴があったら入りたい気分で，「ええ，まさにその私です」と答えました。途端に彼女の顔がぱっと明るくなりました。

「思い出した，思い出した！　そうそう，えー？　あの時の？　もっと地味な人だったわ。こんなにきれいじゃなかったー！　覚えてる覚えてる！」

手をたたきながら，彼女は偶然の再会を喜んでいました。

ようやく思い出してもらえた30年前の記憶のかけらが「ダサくて地味な人」。それもそのはず。私の脳裏には，お昼や3時の休憩時間，ほかのスタッフとの会話に一切まざることがない，鎧を身にまとった当時の自分の様子がありありと浮かんできました。

私の仕事は専門職だ。花嫁修業の片手間にお手伝いに来ている彼女たちとは違う。お金だってそんなにもってないし，着るものだって構わなくていい，人間は姿かたちじゃない，中身で勝負なんだ……なんだかよくわからない，今にして思えばまったく意味のないプライドをもっていました。

実際は，ファッショナブルで華やかな雰囲気をまとった彼女たちとの会話の糸口が一切つかめず，常に気後れしていた自分を必死に隠していただけ。そんな記憶がよみがえり，一気に過去に連れ戻された気分になりました。

彼女は，今話してみるとたいへん気さくな良い人で，しかも子育てが終わった今，高齢者福祉の分野で素晴らしいキャリアを積み上げている途中でもありました。

どうして30年たった今なら気軽に声をかけることができるのに，当時は自分の殻に閉じこもって淡々と仕事をするだけだったのか。その違いはたったひとつしかありません。「自分に自信があるかないか」それだけです。

当時の私が，もう少しおしゃれというものを真面目に学習し，それを実践していたら？　もし竹岡さんによるスタイリングに匹敵するような変身が，当時

8…自己承認が自分を変える　57

からできていたら？　経験も知恵も浅い20代そこそこの未熟な私は，おそらくその外見にとても助けられたと思います。華やかな彼女たちに気後れすることもなかったでしょうし，腰を落ち着けて３年間は仕事を続けることができたかもしれない。その後，初志貫徹して本当に児童図書館のライブラリアンになったかもしれません。

　もちろん，そんなものにこだわらず，中身だけで勝負できて，誰の前でも堂々とふるまえたなら，それがベストです。しかし，外見を整えることが自分の内面の魅力を引き出し，自信を与え，対人関係もうまくいく効果的なツールだと知っていたら，もっと充実したキャリアのスタートではなかったかと思うのです。

自信と自己肯定感

　私の黒歴史をお話するまでもなく，イメージコンサルタントやスタイリストが提供しているのは，実はファッショナブルでおしゃれな姿かたちではなく「自信」だといいます。竹岡さんはスタイリングによるクライアント自身の変化とその周囲の変化の過程をこう述べています。
　①外見が変わると言葉遣いや所作が変わる。
　②所作が変わると周囲の態度が変わる。
　③自分の中に確信が生まれ，自信ができる。
　④ひとつひとつの選択肢が変わってくる。
　⑤それらの選択肢によって人生の方向性が変わる。

　自信と自己肯定感はその人の生き方をより良い方向に変えていく最も重要な要素です。だからスタイリングは生き方と密接に関係があるのです。
　心理学者のケリー・マクゴニガルは，大学講師の服装と学生の評価には相関があり，きちんとしたかっこうで授業をする講師は，その外見ゆえに有能で熱心であると評価され，学生も熱心に学ぶと述べています。しかし，マクゴニガル自身は，当初は「学生のために」きちんとした服装をしようと思っていたが，結果的には，素敵な服を着ると「自信が湧いて」きて，自分のしていること

とに重要な意味があると感じられるようになったとのことでした。

　もし今，職場でなんらかの生きづらさを抱えている人がいたとしたら，キャリアチェンジとまでいかなくとも，外見にこだわって変わってみてください。自分の言葉遣い，物腰，所作もおのずと変わります。すると，それまであなたを見ていた周囲の目が変わり，態度が変わってきます。それによっていろいろな選択肢を得て，思いもよらない展開が生まれる，ということが必ずあります。

人生のパートナーと出会う

　実は，真面目に正直にお話しすると，スタイリング後の私にとっての一番の変化は50歳で再婚したことです。

　私は36歳で夫を亡くし，はからずも４人の幼な子を抱えた未亡人になってしまったのですが，当時，周囲の人に「再婚はしないのか」と本当によく聞かれました。「50歳ぐらいになって子どもが大きくなったらしようかなあ」と冗談まじりに答えていたのを覚えています。しかしそれを実現させることはまったく想定していませんでした。

　もっとも，スタイリングから遡ること５年ほど前，まだアラフォーと言ってよい年齢の頃，私は好奇心から大手の結婚相談所に登録していたことがありました。ベルトコンベア式に移動する男性と３分ずつ話すような婚活パーティに参加したり，何人かの人とデートしたり，決して安くはない会費の元をとるべくいろいろと試みましたが，人生の伴侶になるべき人にはとうとう会えずじまいでした。

　結局，その何年後かに婚活もしないのに，理想の相手と結婚することになったわけです。後になって夫に話を聞くと，スタイリングする前の私は非常に声をかけづらい雰囲気をもっていたようです。外見が変わった時の一番の変化は，親しみやすくなったことだそうです。このようにほんのちょっとした変化が，ほんの少しの変化を呼び，それが積もり積もって，大きな変化へとつながります。岩から出る湧き水がちょろちょろと小さな流れを作り，それが最後には大河に変わる，それと似ています。

8…自己承認が自分を変える　59

先に述べた竹岡さんの話に，私が経験したことを当てはめると，

①外見が変わったことで，親しみやすい雰囲気になった。

②周囲の人が私に対して声をかけやすくなった。

③自分の中に確信が生まれ，自信ができた。

④仕事の独立，再婚など，これまでにない選択肢が生まれた。

⑤人生の方向性が変わった。

ということになるわけです。

この章のまとめ

1．外見の変化は所作の変化を生み出す。

2．所作の変化は周囲の態度の変化を生み出す。

3．周囲の態度の変化は確信と自信を生み出し，人生の選択肢に影響を与える。

劇的「ビフォー・アフター」

得意不得意は人によって違う

　竹岡さんによるスタイリング指導ではさまざまな気づきがありました。
　これらは，元々おしゃれな人から見ると「何をいまさらわかりきったことを」と思うようなことばかりです。しかし，そうでない人にとってみると，目から鱗なことばかりなのです。
　友人で経済評論家の勝間和代さんがよく「息を吸って吐くようにできること」という表現をしますが，そのように苦労なく自然にできる得意分野は人によって異なります。私はいまだに服のコーディネートでは失敗も多く，そのたびに「センスがないんだなあ」と気づかされ，試行錯誤の連続なのですが，一方で，たとえばメロディを聞いたら「移動ド」でのドレミの音階で歌えます。カラオケでも簡単にハモれます。まあ，こんなことはどうでもいいことです

が，人によって得意不得意はあるのだという一例ですね。

　しかし，竹岡さんのスタイリングはもちろん彼女にとっては「息を吸って吐くようにできること」ではありますが，「この人，こんな服が似合いそう」と感覚的に思いついているものでもないそうです。つまり，おしゃれ好きな一般人が友人知人に服を選んであげるのとはまったく次元の異なる作業らしいのです。

　竹岡さんは，この仕事を始める以前，大手百貨店のファッションディレクターとして各シーズンのトレンド分析を行っていました。その仕事は我々素人には想像を絶するほどのデータ収集が元になっています。自らの目で世界中のファッションショーを見て回る，国内外のあらゆるファッション雑誌をくまなくチェックする。服やバッグ，アクセサリーなど，どの素材のどの価格帯のどの世代向けのものが，どこのブランド，メーカーで作られているかを徹底的に調べ上げ，巨大なマトリクスに落とし込む。そこから，他社では扱っていないホワイトスペースを探す。そしてそのシーズンに誰をターゲットにどんな商品を売り出すか，そのディレクションを行う。これが竹岡さんの仕事でした。それを何年も続けた結果，頭の中には巨大なデータベースができあがり，どんな切り口ででもクライアントに似合うスタイルを引き出すことができるようになったそうです。

一番頑張ったかっこうで銀座へ

　私の「BEFORE」の写真を再度ご覧ください。全体的にもっさりした雰囲気がただよっていますよね。黒の花柄のプリント地の襟のついたワンピースに薄いピンクのニュアンス系のカーディガンを羽織っています。家の中で娘に撮ってもらった写真なので，靴を履いていませんが，焦げ茶色の合皮のローファーでした。

　つまり，相当にちぐはぐなスタイルでした。よく，おしゃれ指南本には「カジュア

「BEFORE」のちぐはぐなスタイル

ルにはきれい目をミックスしましょう」ということが書いてありますが，その次元とはまるで異なるテイストがばらばらのかっこうです。しかし，当時はかなり頑張ったつもりのスタイルでした。

竹岡眞美さんのカウンセリング

2013年の4月，私はこのかっこうで銀座4丁目に出かけていきました。竹岡さんとの待ち合わせのためです。竹岡さんのスタイリングはカフェで話をすることから始まります。1時間から1時間半ほど世間話をするうちに，竹岡さんはクライアントがどんな人なのか，どう変わりたいと思っているのか（あるいは変わりたくないと思っているのか），内面に潜んでいる良さは何か，それをどうやって表面にわかりやすく引き出すか，いろいろなことを考えます。

人となりを理解する作業から

私の人となりを知ってもらうために，自分がこれまでどんな人生を歩んできたのか，いろいろな話をしました。それまでの自分の人生を語るときに，私にはどうしてもはずせないエピソードが3つあります。ひとつは子どもを4人出産してワーキングマザーを続けたということ，ふたつめは30代半ばで夫と死別し，未亡人になってしまったこと，そして，みっつめは子ども4人を連れてアメリカの大学院に留学したことです。

私は慶應義塾幼稚舎の図書室を9カ月で辞めた後，1989年に日外アソシエーツに入りました。日外アソシエーツでの14年間の勤務の間に4回も産休育休を取りました。当時としては前代未聞でしたし，会社はよく許してくれたと思います。特に，女性初の取締役として会社の育児休業制度をつくってくださった石井紀子さんには，たいへんお世話になりました。

その後，2002年に夫が病気で他界し，30代で4人の子どもを抱えた未亡人になってしまいます。さんざん悲しんだ後に，まったく違うことをしよう，アメリカのライブラリースクールに留学しよう，そして今度こそは真面目に勉強しようと決意しました。洗濯物もたまりっぱなしのごちゃごちゃの部屋で，子

9…劇的「ビフォー・アフター」　63

どもたちが組んずほぐれつ奇声を上げながら遊ぶ中，黙々とTOEFLの勉強をしました。推薦状をお願いしたり，自動車教習所に通い運転免許を取ったり，5人分の膨大な量の渡航資料と格闘するなど準備を進め，2003年の夏，上から13歳，10歳，7歳，5歳の子どもを連れて渡米したのです。これを実現するためには，さまざまな人々のサポートがあり，とりわけ当時ピッツバーグ大学図書館でビブリオグラファーとして勤務していた野口幸江さん（現コロンビア大学）には，現地の下見，子どもたちのベビーシッターをしてくださる日本人の方の紹介，家探し，そして東アジア図書館でのレファレンスライブラリアンの仕事の紹介まで，本当にお世話になりました。

　こうして子どもたちの現地校，日本語補習校での大量の宿題や，習い事の世話，ご近所の日本人コミュニティでのお付き合いなどの合間に，大学院での授業，大量のペーパー，レポート，図書館での仕事と，三足も四足もわらじを履く生活を2年間続け，無事にMLIS（図書館情報学修士号）を取得した後，縁あって東京に仕事を見つけ，2005年の夏に家族で帰国しました。

私自身に足りないもの

　さて，自分で言うのもなんですが，子ども4人を抱えた未亡人になった人が，いきなりアメリカに留学する決心をする，しかも自分は大学院に入る。そんなことを実行する人はそれほど多くないと思います（もっとも同じような境遇の人を私は数人知っていますが）。

　問題は，こうした私自身の強みだと言われるフットワークの軽さとしなやかさが，外見からはまったく感じ取れないということでした。竹岡さんの言葉を借りると，「広瀬容子」という人間は，

- 明るくて行動的
- しなやかに生きる技をもっている
- 人と一緒にいるのが好き
- おしゃべりが好き
- 頭の回転も速い

このような人なのだそうです（自覚はあまりありませんが）。しかし，それは上記のように私がいろいろと自分の身の上話を語ったからこそわかることで，これらの良さは表にはまったく出ていない，竹岡さんが問題と感じたのはここでした。特に，この2013年当時は，日本に帰国してすでに8年がたち，シビアな営業の仕事で自分を擦り減らしていた時でもありましたから，疲れた中年のオバさんの雰囲気がかなり漂っていたと思います。

「なんでそんなに地味なの？」

「なんでそんなに地味なの？」と竹岡さんはまず私に尋ねました。それまで自分が地味だと考えたことがあまりなかったので，私はびっくりしました。そんな風に見えるのか！　考えてみたら，普段の生活で，他人がわざわざ「あなた地味ですね」などと言うことはありませんよね。人は自分が客観的にどう見えているのかわからない場合が多いのではないでしょうか。そういう意味で竹岡さんのようなプロから，「あなたはこう見える」とずばっと指摘される機会は貴重です。これは何もおしゃれに無頓着な人に限ったことではありません。自分なりのこだわりがあっておしゃれに自信がある人にも，竹岡さんは「あなたには実は自分では気づいていないこういう魅力があるから，もっとこういう髪型，こういう服を選ぶといいですよ」と助言することがあります。素直にその言葉を受け入れる人，「いや，私はこうだから」といってあくまでも自分を頑固に貫く人，いろいろですが，前者の素直さをもった人の方が，仕事や人間関係で成功する確率が高いように思います。

さて，私に対する竹岡さんのダメ出しは続きますが，頭のてっぺんから足の先まで，それぞれどんな気づきを得たかをお伝えしましょう。

この章のまとめ	1．スタイリングはその人の生き方をよく理解することから始まる。
	2．自分自身の強みを知り，その強みをわかりやすく外に表現する方法を考えるのがスタイリングの一歩である。
	3．プロフェッショナルの言葉を受け入れる勇気と素直さは重要である。

9…劇的「ビフォー・アフター」　65

10 なんといっても髪

後ろでひっつめてはいけない

「なんでそんなに地味なの？」という質問に続き，竹岡さんは
「なんで髪の毛後ろにひっつめてるの？」と尋ねました。
　当初私は，竹岡さんによるスタイリングというのは，単にお店に一緒に行って，似合う服を選んでもらうだけのことだと思っていました。ですから，まず髪のことを言われたのには少々驚きました。なぜならば，自分の髪の毛は太くて量が多くてどうしようもない，手の施しようがないからひっつめるか夜会巻きにするしかない，洋服や靴など，ほかの部分でカバーしようと思っていたからです。
　また，私は2007年頃から着物を着るようになり，休日にプライベートで出かける時はほとんど着物でした。そのために髪を長くしていたのですが，シャ

ンプーとトリートメントと乾かし方の重要性をまったくわかっていませんでした。会社から疲れて帰ってくると着替えもしないでソファで朝まで寝てしまうのですから，シャワーは基本的に翌朝，家を出る直前になります。髪を乾かす時間はありませんから，濡れたまま夜会巻きにして家を出て，通勤途中に自然乾燥させます。その結果どうなったかというと，髪はごわごわに縮れ，そのまま下ろしていると横にボワッと広がってしまい，どうにも収拾がつかなくなりました。短くはしたくないので，夜会巻きかオールバックにひっつめる。当時の私のヘアスタイルは常にこのどちらかでした。伸ばし放題の髪は，申し訳程度に半年に一度，1,000円カットのお店で毛先だけを切っていました。

竹岡さんは「髪をひっつめちゃダメ！」と断言しました。

「髪は女の人の顔の額縁なの。額縁のない絵なんかないでしょう？」

人の印象は髪で決まる

ヘアライターの佐藤友美さんは著書『女の運命は髪で変わる』の中で，印象を決定づける最も重要な要素は髪であると繰り返し述べています。竹岡さんは「髪は額縁」と言いましたが，佐藤さんに至っては，髪は額縁なんかではない，額縁は取り替えがきくけれども，髪型は四六時中顔にくっついているものだから額縁より「もっともっと大事なもの」であるといいます。人から見られる角度は正面ということはほとんどなく，斜めから見えている面積の7割は髪であり，後ろ姿になると100パーセント髪であると。顔立ちや肌のきめ細かさよりも，キューティクルのそろった光を反射する髪であれば，誰でも素敵な人の印象を与えられるそうなのです。

佐藤さんは著書の中で，1年間伸ばしっぱなしの髪は，1年分のお古を毛先にぶら下げているようなもの，毛玉だらけのセーターを着ているようなものだと述べていますが，まさに私がそうでした。

日本女性の多くは黒髪で損をしている

また，私の髪の色は真っ黒でした。日本人なんだから黒髪は当たり前，髪を

10…なんといっても髪　　67

染めるなんてそれこそ軽薄だと思っていました。ところが竹岡さんいわく，黒髪というのは，女優のようにシワもシミもない陶器のようにスベスベな肌のもち主以外はきれいに見えない，扱いがたいへん難しい色なのだそうです。「非常に重たい印象を与えてしまい，洋服だと何を着てもなかなか似合わない。黒髪が美しいんだと思い込んで損をしている女性は山のようにいる。大間違いだ」と竹岡さんは言いました。

　身だしなみ研修などで髪を黒くすべきということが広く言われているのは，若い人を想定して研修内容を作っているからではないかと思います。確かに安いホームケア製品でハイトーンの茶色に染めた髪はビジネスシーンでは不適切かもしれません。要はその人の醸し出す雰囲気が問われるのであり，髪の色とは無関係ではないでしょうか。つるつるお肌の20代と，シワやシミを取り揃えている50代を同じ土俵で論じることにも無理があります。自分が最も魅力的に見えて，仕事の成果が上げやすいのはどういう髪色かということをまずは考えるべきなのではないかと思います。

取り扱えない髪はない

　あれこれ薬剤を使うと髪を傷めるのではないか，ヘナで染めた方が良いのではないかなどと，素人はいろいろ考えます。しかし，きちんと勉強している美容院を選べば取り扱えない髪はないし，傷むことも少ないのだとわかりました。

　私の髪はゆるい縮れ毛で，量が多いのが悩みでした。かといって縮毛矯正には非常に抵抗がありました。針金のようにシャキーンとまっすぐになりすぎてしまい，不自然極まりなく，着物を着る際に夜会巻きにしようとすると今度はまとまらないということを何回か経験したからです。けれども，竹岡さんが紹介してくれた美容院の縮毛矯正は，毛先まで薬剤をつけないので不自然さがなく，また，自分でスタイリングする時のヘアアイロンの使い方を教わったことで，一生無理だと諦めていたセミロングの巻き髪もできるようになりました。

　そして重要なのは，髪を洗ったらきちんと乾かすこと，ドライヤーを当てる場合にはキューティクルの方向を意識しながら，必ず上から当てること。下から風を当てるのはキューティクルを逆立てるので厳禁。こんな単純なことなの

ですが，真面目に継続していたら次第に根元から髪質が変化したようで，今では矯正をかけなくても髪は広がらず，落ち着いたセミロングを保てるようになっています。

不器用な人はヘアアイロン

竹岡さんは，毛先がくるくると丸まっている方が，しばるにしても下ろすにしても優雅さが出て手っ取り早く素敵に見えると言います。それを可能にするのがヘアアイロンです。パーマをかけるよりもヘアアイロンの方がニュアンスを出しやすいので，こちらを勧めています。

キューティクルは，髪の根元から毛先に向かってウロコ状に敷き詰められている髪の1本1本を覆う組織ですが，ヘアアイロンを当てることでキューティクルの毛羽立ちが押さえられ，髪の向きを一定にし，光の反射でツヤ感を出すことができます。もっとも，このツヤ感は熱を当てることにより無理矢理つくりあげているものなので，健康な髪だからツヤツヤするわけではありません。しかし，私のように50代になると，ドライヤーで丁寧に乾かしただけの髪は，どちらにしてもあまり健康的には見えません。前述の佐藤友美さんも著書の中で「あなたの髪を顕微鏡で見る人はいないのだから，表面の凹凸が整って見えればいい」と述べています。ですから，そこはトレードオフと割り切り，私は仕上げにヘアアイロンを使っています。

ヘアアイロンの使用に慣れるまでにはいろいろな失敗をしました。濡れた髪にあてたら，ジューッと焼肉のような音をたてて水分が蒸発しはじめ，それを見ていた娘が「お母さん，やばいよ！」と呆れたことがありました。必ず乾いた髪に当てなければならないということを知らなかったのです。また，よくやってしまうのが，髪をくの字に折り目をつけて曲げてしまうというものです。

油断するとおでこを火傷するので気をつけなくてはいけません。温度を170度以下にする，洗い流さないトリートメントをつける，1カ所に当てる時間をできるだけ短く，手早くするなど，ある程度のコツが必要です。しかし，練習を重ねるとこれほど便利なものはありません。髪の巻き方については，花王のサイト「巻き方の種類を見る」がわかりやすいです。参考にしてみてください。

10…なんといっても髪　69

そうそう，慣れるまでは電源を入れずに練習することをお勧めします。

白髪対策のカラーリング

　年をとると誰でも白髪がでます。これを目立たなくする方法は，黒以外の色で，可能であれば3色ぐらいで染めることだそうです。竹岡さんのお勧めは，ウィーヴィングという技法です。これは，まず毛束を間隔をあけながら少量ずつとり，そこを脱色します。そのあと全体をカラーリングするというもので，こうすると髪を立体的に見せることができるほか，髪の毛が伸びてきても根元が黒くなってプリンのようになったり，白髪が目立つということが少なくなります。しかし，このウィーヴィングは時間もかかるうえに，やはり髪の負担が大きく，値段も高いのが難点です。私は4回に1回程度にとどめていますが，それでも仕上がったときの奥行きと立体感は1色で染めた時とは雲泥の差です。

「ゆるふわ」まとめ髪とひっつめ髪のちがい

　「髪を後ろでひっつめてしばってはいけない」と竹岡さんは言いました。テレビドラマの演出家が貧しい女性を演出しようと思う時には，単に髪の毛を後ろでひっつめにする，これだけであっという間に貧相で不幸そうな女性ができあがるそうです。確かに気をつけてみているとそのとおりです。先日，Huluで東野圭吾特集を配信していたので，「幻野」という連続ドラマを一気に見てしまいましたが，このドラマに登場する深田恭子演じる悪女の大金もちの女社長に対比して登場する町の定食屋の娘役の人は，確かに髪を後ろでしばっていました。先に述べたライブラリアンが登場するドラマや映画で，みな一様に髪を後ろにしばっているのも，地味に見せたいという作り手の意図が反映されています。

　モデルや女優にはひっつめ髪でもカッコいい人はいるじゃないと反論する人はいると思います。雑誌で「パリジェンヌのヘアスタイル」のような特集を時々見かけますが，とてもスタイリッシュで素敵な人が「髪の毛は自分で切っています」とか，「半年に1回サロンに行くだけです」と答えていることがあ

ります。しかし，これを真に受けると痛い目にあいます。

　彼女たちの秘密は頭の骨格です。コーカソイド系の人の骨格は後頭部が盛り上がり奥行きのあるたまご形をしています。日本人のモデルや女優もこの頭の形に近く，そもそも我々一般人とは同じ人間とは思えないほど顔が小さいので，無造作に髪をひっつめてもカッコよく決まります。しかし普通の人がこれをやると，個人差はありますが絶壁にしっぽがぶら下がっている感じになり，貧相に見えるということなのです。

　日本人の美容師の技術が世界一だというのは，骨格が平板なモンゴロイド系の頭を欧米系のスタイルに見せるためのさまざまなカット技術を日々研究し，その技法を習得しているためです。

　したがって，仕事上髪をしばる必要がある場合には，後頭部を盛り上げる「ゆるふわ感」を出したまとめ髪がお勧めです。下の写真を見てください。左は髪を洗って乾かしただけで後ろでしばったもの。しかもノーメイク。右側は髪をヘアアイロンで巻いて，髪全体に空気を入れた状態にしながら，後頭部を盛り上げて後ろでまとめたものです。同じ日に撮ったものですが，まったく印象が違うのがわかると思います。横に垂らす通称「触覚」と呼ばれる髪は，仕事の現場においては量を加減する必要があると思いますが，ポイントは空気を

　　ひっつめ髪　　　　　　ゆるふわまとめ髪

入れることと後頭部の髪を引き出して盛り上げることです。このまとめ髪の方法はYoutubeの動画を参考にしました。「ゆるふわ　まとめ髪」で検索するといろいろな動画を見ることができます。

男性は髪の薄さを隠そうとすればするほど目立つ

　女性の話ばかりになってしまいましたが，男性の髪型についてもふれておきましょう。

　竹岡さんがクライアントに対してさまざまなダメ出しをする中で，もっとも勇気を要するのが男性の薄毛の人に対する助言だそうです。男性は髪が薄くなると，どうしてもまだ生えている部分の髪を伸ばすことで，これをカバーしようとします。その最たるものがいわゆる「バーコード」です。ハゲていない部分の髪をいくら伸ばして隠そうとしても，実はますますハゲの部分を目立たせるだけなのです。

　男女を問わず，年齢を重ねた時に，必ず路線変更をすべき時がくると竹岡さんは言います。男性の髪も同様で，いつまでも若い時のイメージにしがみついているとイタいおじさんになってしまいます。インディーズ系のロックミュージシャンで落武者みたいになっている60代の人を時々見かけますが，もし髪を切り，イチローのような髭でも生やしたら，渋くて素敵な人になれるのにと思いながら見ています。

　男性のヘアデザインのサイトで，薄毛に似合う髪型を検索すると，ツーブロック，ソフトモヒカン，ウルフカットなど，さまざまな方法があるのがわかります。竹岡さんは，男性にも理髪店ではなく美容院を勧めていますが，それはこの立体的なカットの技術を理髪店は基本的にもっていないためです。

この章のまとめ	
	1．人の印象はほぼ髪で決まり，髪の色とデザインが最も重要である。
	2．日本女性の多くは黒髪で損をしている。
	3．髪の薄さを隠そうとすればするほど目立ってしまう。

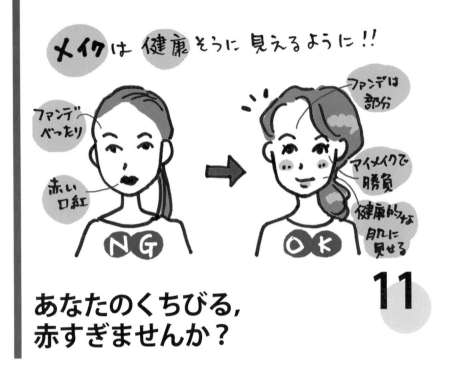

あなたのくちびる，赤すぎませんか？

口紅しかしていなかった私

　ファンデーションを塗らない人でも口紅だけはつけるという方はよくいます。私もそうでした。また，ファンデーションやアイメイクは適当だけれども，口紅だけは色の濃いものを選んでつけている人もたくさんいます。

　つまり，「お化粧＝くちびるを赤くすること」と多くの人が思っています。ところが，竹岡さんやメイク学校の先生によれば，お化粧で一番重要なのは健康な肌に見えるようなファンデーションの使い方，だそうです。竹岡さんいわく，色つやが良いということはとても健康でパワーがあるということ。人はパワーのあるところに集まってくるし，パワーのある人は人気もある。顔色の悪い芸能人はいない。ファンデーションで顔の色を最初に整えていくことは非常に重要だそうです。

引き算メイクとは

　いまこの本を読んでいるあなたは，「私は化粧をしている女性があまり好きではない」と思っている人かもしれません。実際そういう声を耳にすることもありますが，多くの場合，あなたは上手にだまされているにすぎません。お化粧をしていないように見えて魅力的に見える人は，かなりの確率で「引き算メイク」が上手にできている人だと思います。

　メイクレッスンはさまざまな場所で行われているので，一度行ってみることをお勧めします。私もヘアメイクアーチストのやまざき香おりさんの「引き算メイク」のレッスンを受講してみました。

　一番驚いたのが，化粧水と乳液の使い方です。竹岡さんも，自身のクライアントの多くが化粧水も乳液もつけずにいきなりBBクリームやファンデーションを塗っていることに驚いたそうですが，私もその一人でした。

　化粧水をつけると，顔は濡れます。私はその濡れた顔をしばらく乾かしてから乳液なりBBクリームをつけるのだと思っていました。しかし，それは違うそうです。乳液の役割は化粧水の水分を閉じ込めることなので，その水分そのものが乾いて蒸発してしまってからでは遅いのです。だから，濡れた状態ですぐに乳液を塗ってくださいとのことでした。

　次に下地クリームですが，これは，ほんの真珠一個分ぐらいをのばすだけ。顔全体にぬりかべのように塗るものではないそうです。そして，ファンデーションは３色を使い分けます。１色は自分の肌の色，もう１色はハイライト用，そして陰影用です。いずれもほんの少量しか使いません。

　普通色は頬の付近に叩き込むように入れるだけ。全体には塗りません。ハイライト用の白は顔の凹凸の高い部分，つまり眉と眉の間と鼻，それからたるんだ頬の線の下に少量つけ，それを伸ばします。陰影用のファンデーションは顔の輪郭にそった髪の生え際に細くつけ伸ばします。頬骨からこめかみだけ多少多めにつけて横顔をつくっていきます。最後に粉をつけますが，これはごくほんの少量でよいそうです。そうでないと顔全体が粉っぽい人になってしまいます。

目頭と目尻を半円状に囲んだ範囲，アイホールのシャドーも，目尻から三分の一ぐらいのところまでしか塗りません。よく鼻を高く見せるために目頭と眉の間に縦にシャドーを入れることがありますが，そうではなく，周囲を明るい色にすることで，自然とノーズシャドーが入ったように見え，立体顔ができあがるそうです。

　そして，健康そうに見えるための重要アイテムがチークです。頬骨の下あたりに丸く，ぽんぽんとつけていきます。竹岡さんも「怖いのでやめましょう」とよく言っているのが，頬骨からこめかみに向かって斜め上に塗るチークです。若い人は知らないと思いますが，昔，坂本龍一と忌野清志郎が「い・け・な・いルージュマジック」でやっていたようなチーク。これはNGです。

アイラインを入れる

　アイラインについても私は50歳になるまでほとんど引いたことがありませんでした。元々目は大きいほうなのですが，年をとってくるとまぶたが下がってきて小さく見えるようになります。竹岡さんいわく，他の人に「私，起きていますよ」ということが伝わることが重要だそうです。そのためのツールがアイラインです。特に勝負をかけたいとき，アイラインは必須だそうです。

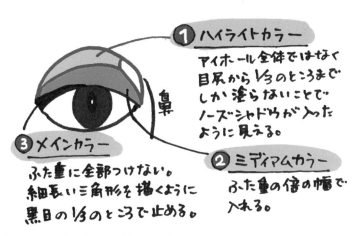

私が習ったアイメイクの例——やまざき香おり流

11…あなたのくちびる，赤すぎませんか？　75

アイラインを引き始めた当初は線がぶれたり，パンダ目になったり，いろいろな失敗をしますが，まつげの間を点で埋めるようにすると比較的うまくいきます。

この章のまとめ

1．メイクで最も重要なのは健康そうに見える肌をつくることであり，口紅はことさらに赤くする必要はない。
2．引き算メイクではファンデーションを顔全体に塗らない。
3．何か勝負をかける際には，アイラインは必須である。

服のサイズと色の基本

サイズの合ったものを身に着ける

　服のサイズについても私はまったく無頓着でした。試着というものをほとんどしたことがありませんでしたし，スーツでもスカートでもセーターでも，多少ゆったりめの方が楽だし他人はそこまで見ていないだろうと思い込んでいました。ところがこれは大間違いなのです。

　竹岡さんはサイズの合ってない服，特にゆったりとした服を着るといかにカッコ悪いかということを折にふれて説いています。その影響から，私自身も周囲の人，特に男性をよく観察するようになりました。スーツ姿の男性でなんとなくもっさりした雰囲気を醸し出している人は，例外なく大きいサイズを着ています。前身ごろや後ろ身ごろ，ズボンの裾，どこかに余り分のシワが出ています。

和服の場合でも、きれいな着こなしにシワは禁物ですが、着物の場合は直線立ちの布を立体的な身体に羽織らせますから、着付ける際におはしょりをつくったり、わきの下に布を寄せたり、さまざまな方法でシワを隠します。ところが洋服の場合にはすでに立体裁断してできあがったものを身に着けるわけですから、ある程度自分の体形に合ったものをあらかじめ選ばないといけません。そのための試着は絶対に欠かすことができません。同じMサイズでもメーカーによって大きさはまちまちなので、自分の体に合っているかどうかは自分で確かめるしかありません。必ず試着する習慣がついたので、私はお金をどぶに捨てずにすんだ経験を何度もしました。

　「洋服の値段の差は型紙の差」。このことが、私にもだんだん理解できるようになってきました。ですから前述の制服についても、少なくともサイズの合うものを着用することが非常に重要なのです。

　サイズの重要さがよくわかる動画に、ドナルド・トランプの「Presidential makeover」というおもしろ動画があります。トランプ大統領がサイズ感のあったスーツを着て髪型を変えたらどう変わるかを皮肉を込めながらシミュレーションしたもので、長すぎる幅広の赤いネクタイを細いブラウンに変え、タイ

78

ピンをする。ズボンの幅を狭めて短くする。袖を短くする。CGで変えると，今とはまったく違うカッコいい大統領に仕上がります。この動画のオチは，どんなにカッコよくしても彼の人種差別，女性蔑視，同性愛差別，暴言等々は改善しようがないというものなのですが。とにかく，彼を見てわかるように，自分本来のサイズより大きなものを着ていると，とてもカッコ悪く見えることの良い例です。

色は３色までが基本中の基本

「お母さん，そのかっこうで会社に行くの？」と娘に呆れられていた時代，私は色の取り合わせを３色以内に抑えるということをまったく意識したことがありませんでした。おしゃれというものに多少なりとも関心がある人にとっては，これは基本中の基本らしいのですが，私も含めそのことを知らない人は世の中にごまんといるのです。

竹岡さんのスタイリング指導の後，私も遅ればせながら，全体の色数をきちんと考えるということを始め，そのなかでやはり他人を観察するようになりました。電車のホームや駅の構内などで，素敵な人，おしゃれな人を見かけると，その人の何が良いのかを分析します。確実にいえるのが色の数です。素敵な人は，服や靴に統一感があるのはもちろんですが，バッグの素材と色もきちんと考えています。

逆に，ひとつひとつは高価に見えて良いものを身に着けていても，全体がなんとなくあか抜けないちぐはぐな人は，自分が好きだからという理由だけで服やアクセサリーを身に着けたり，バッグを持ったりしているだけでなく，色数が多いです。ジョージ・ブレシアは「ファッションとは何を買うか，何をもっているかということではなく，買ったものやもっているものを，日々の生活でどう生かしていくかということ。大切なのは文字どおり『スタイリング』なのです」と述べています。そして「トータルで考える」という視点を忘れてはいけないと言いますが，自分のことはわからなくても，他人のことはよく見えます。ぜひ観察してみてください。

12…服のサイズと色の基本　79

クローゼットの7割を無地にする

「おしゃれな服」というと，斬新なデザインで色数が多く，模様がついていないと安心しない，という人も多いと思います。それでついついプリント柄の服を選んでしまいます。その最たるものがヒョウ柄を身にまとう大阪のおばちゃんではないかと思いますが，実は「クローゼットの7割は無地にしたほうがよい」，これも王道のセオリーだそうです。無地の服にアクセサリーで味付けをしていくことにより，知的でおしゃれな雰囲気が生まれるのだそうです。

彩度を合わせるということ

色を3色に抑えるということを実践していたにもかかわらず，ある日，竹岡さんから「広瀬さんの今日の服，色がばらばら！」と指摘され，びっくりしたことがありました。これは色の「彩度」をまったく考えずに組み合わせていたことが原因です。

色を3色以内に抑えるとき，彩度，すなわち色の鮮やかさの度合いを合わせるということが非常に重要なのだそうです。ビビッドで明るい色と，落ち着いた色を合わせると，いくら3色以内に抑えているといってもちぐはぐな印象を与えてしまうのだということを知りました。

困ったら白

そこで最も手っ取り早くおしゃれにするのが白を使う方法です。白は簡単に上品で明るい感じのスタイリングができるそうです。男性の定番スタイルは，白いシャツ，白いパンツ，紺ジャケ，そしてポケットチーフ。これだけでてっとり早くおしゃれな人に変身できるとのこと。白×白でまとめたら，差し色で首のあたりにストールをまく，ベルトを鮮やかにするなどでアクセントをつける。このようにベースをシンプルにして，アクセサリーや小物で「味付け」をしていくというのが，ハードルの低い入門スタイルです。

逆に黒は素材の風合いや質感がよくないとおしゃれに見えないそうです。また、ストールやマフラーなど，顔回りに黒をもってくると，特に年配者は顔色が悪く見え，健康的な印象を損なってしまうため注意が必要とのことです。竹岡さんいわく，黒は吸収する色なので，自分の中に力がみなぎっていてパワーがあるときだけ身に着けるべき。どうしても黒を着たいときはストールで差し色をするなどの工夫が必要。しかし，前述の私の添乗員スタイルのように，黒を着なければならないシーンは数多くあります。その場合は，できるかぎり質の良い素材を選ぶことが重要になるでしょう。

「さきっちょ」に気を使うのが大事

　年をとってきたら，さきっちょに気を使うことが大事だということも竹岡さんから学んだ重要なことです。「さきっちょ」とは，髪の毛先，鼻のあたま，手の爪，足の爪，そしてかかとです。

　毛先を巻いて優雅さを出す，鼻の赤みに気をつける，ネイルをする，夏のサンダル履きでは爪とかかとをきれいにする。たとえ仕事の現場が制服あるいは厳しいドレスコードのある場所でも，これらの部分に気を使っているだけで，自分を大事にしている人という印象を与えることができ，相手の態度も変わってくるということがいえます。

この章のまとめ	1．洋服においてサイズが合ったものを着ることは非常に重要である。 2．色は3色以内に抑え，彩度を合わせ，困ったら白を入れる。 3．年齢を重ねたら，毛先，指先，かかとなど，「さきっちょ」に気を使うことが肝要である。

12…服のサイズと色の基本　　81

13 個性あふれる現場の プロへのインタビュー

　この章では，実際に図書館の現場で働いている人や，その関連の仕事をされている方へのインタビューを行いました。これまでのキャリアや，現在の仕事の内容を中心に話を伺い，最後にご自身のスタイルの考え方をお聞きしています。従来のステレオタイプなイメージとはかけ離れたプロフェッショナルの方々に登場していただきました。

　高等学校司書の小川香代子さんと議会図書室司書の重森貴菜さんには，図書館における実際の仕事とスタイルに対する考え方を，公共図書館勤務の河合郁子さんからは，非正規から正規職に至るまでのキャリアパスという観点で，そしてブランドコンサルティング会社代表の南山宏之さんには図書館のミッションとビジョンから落とし込んだスタイリングのあり方を伺いました。

　各インタビューの最後には，竹岡さんから一言コメントをいただいています。

「この人が言うことなら聞いてみよう」という
イメージをつくる——小川香代子さん（神奈川県立岸根高等学校司書）

　最近，学校司書が重要な役どころで登場するドラマを見ました。そこに登場するライブラリアンは，淡い色の襟付きシャツにエプロン，髪は斜め後ろでお団子風にまとめ，カウンターで読書案内を作ったり，事務仕事をしたり，その合間に，図書室内を巡回し，時折人差し指を口にあてて注意する，そんな風に描かれています。その雰囲気からは，調べ学習や教員との連携による授業支援といった仕事の専門性を感じとることはできません。しかし実際の現場はどうなのでしょうか。

　小川香代子さんは，県立高校に勤務する学校司書です。「司書区分」という専門職の枠で採用され，神奈川県に入庁，その後学校図書館に配属され，現在3校目の岸根高校に勤務しています。

——そもそもどうして図書館・情報学を専攻しようと思ったのですか？

　そこからですか（笑）？　実は，高校時代は中国関係にはまり，それで東洋史学科や中国文学科のある慶應義塾大学の文学部を受けました。文学部は2年生になる時に専攻を決めるのですが，1年の間に中国熱も冷めてしまい（笑），じゃあ何を勉強しようかと。それで小さい頃に図書館によく行っていたし，図書館・情報学科は就職率がいいと聞いていたのもあって，図・情に入りました。私の時代はちょうど1年生の時にバブルがはじけて，「内定取り消し」という言葉が世間をにぎわせていた頃で，就職難の時代でした。

——図書館に行こうと思って，公務員試験を受けたのですね？

そうですね。書店や取次も受けましたが，神奈川県の試験に受かって採用となりました。

——まさに「王道」ですね。学校図書館にはいつごろから興味を？

　元々は公立図書館に興味があり，図書館実習も東京都立図書館でやりました。学校図書館はそれほどではなかったですね。だから，入庁して最初の配属先が高校と聞いた時は，正直「えー？」みたいな感じでした。

——どんな印象でしたか？

　私が最初に着任した学校は，中に入ったら，古い岩波新書と中公新書，当時の生徒ですら読まないような東洋文庫がどーんと置いてあり，入ってすぐの洗面台の上には，外すと呪われそうな能面と古びた額入りの不動明王の写真がかかっていました。そして隣は音楽室。当時は冷房もありませんでした。

　書架は部屋の端っこに置いてあって，ホントかウソかはわからないけれど真ん中に置くと床が抜けるらしいというので，そうなっていると。一体どういう環境だろうとびっくりした記憶があります。

——基本的に一人職場ですよね？

　そうです。私は97年の採用なのですが，同期が7人いました。1人を除いてみんな女性。みんな最初は何もわからず，新採用の研修で実務的なこと，蔵書点検，貸出，予算執行などを学びましたが，そのほかにお互いの学校を訪問しあって意見を出し合ったり，地区の研修で質問したり，学校図書館問題研究会の大会に自主的に行って学ぶなどしながら，スキルを高めていきました。

——高校での主な仕事内容について教えてください。

　おおまかにいうと，事務的な仕事には会計，登録，整理などがあります。県の予算は非常に少なくて，ほかに図書費という形で，学校ごとに一人月数百円ほどを保護者の方から徴収しています。本来は公費で賄うものですが，こういった私費によりかかっている部分は大きいですね。その中から，図書，雑誌，新聞，図書館用品，そのほかの図書館運営に必要な経費などを出しています。

それから，選定と発注作業も司書の仕事です。

——ほかにどのような業務がありますか？

　生徒への対応も仕事のひとつです。休み時間になると生徒が来ます。

　本や漫画を貸し出したり，こんな本あるよと薦めたり，あとは日常的な会話も多いですね。個人的な恋愛話や進路について相談されることもあり，話を聞いたり，時にはアドバイスすることもあります。

　それから，図書委員会への対応があります。委員会の運営，具体的には委員会の開催から仕事分担の割り振り，日常的な委員活動の指導・対応，文化祭その他での企画の実施など，まさに生徒に対する教育活動に大きく関わります。普段は主に昼休みや放課後に来る当番の委員に仕事をお願いし，自分の仕事をしつつ様子を見ながら委員とやりとりしていきます。

——先生方の授業の支援も行っている？

　はい，そうですね。授業で資料を使いたいという依頼があったら「どういう授業をしますか？」「どういう風に進めようと考えてますか？」などの具体的なことについて聞いていきます。その結果，関連図書が所蔵している分だけでは足りないと思った時には学校司書の掲示板等を通じて必要な資料の貸出を依頼をすることもあります。たとえば「土壌汚染と水質汚濁と，PM2.0についてのわかりやすい本ありませんか？」と掲示板で聞くと，「うちはこういう本をもっています，この本ありますよ」という情報をもらえるので，「じゃあこの本とこの本をお願いします」という形でやりとりをします。もちろん，蔵書構成として不足していると思われるものを買い足すこともありますし，あと集めた関連資料のブックリストを作成することもあります。

　生徒が調べるにあたっては，私からもどういう資料を調べたらいいかについてレクチャーしたり，参考文献の書き方の資料を準備するようにしています。

　調べ学習の経験のない先生だと，生徒が調べる際に適切な問いを設定することがいかに重要かをあまり理解していない先生もいて，極端な例だと「このテーマについて何でもいいから調べろ」と白紙を渡すといったケースもありましたが，それでは生徒も何を書いていいかわからない。なので「このテーマだっ

13…個性あふれる現場のプロへのインタビュー　　85

たらこういう観点とこういう観点があって，もっと質問項目を絞らないとうちの生徒には厳しいと思いますが，先生もお忙しいでしょうからよろしければワークシート作ってみましょうか」という風に提案します。

——小川さんのように積極的に授業支援に関わることは一般的なのでしょうか？　IBスクール（国際バカロレア認定校）など，特別なケースを除き，学校司書が授業に積極的に関わっているイメージがあまりないのですが。

神奈川県は専任学校司書が配置されているので，基本的には依頼があればそういった授業支援には対応します。学校司書の研究会掲示板を見ても似たようなレファレンス事例や資料の貸出依頼はあるので。授業の具体的な内容については，やはり綿密に計画したうえで相談される先生ばかりではないので，先生自身でもどうするかをまだ決めてないような場合には様子を見ながら探り出します。とりあえずは大まかな日程とテーマを聞いたらまずは資料の手配に動く，そのうえで「こちらはこういう資料が揃えられそうですが，どういう形で授業をされますか？」と次の段階に話をもっていく。場合によったらワークシートの話もするなど，先生のキャラクターやその時の状況に合わせてコミュニケーションをとります。どこまで踏み込むか，どのようにアプローチするかについては，やはりどのような先生であるかによる部分が大きいかもしれません。

——小川さんの仕事の仕方を聞いていると，言われたことだけを淡々とやっているという感じはないですね。

資料を使った調べ学習についてきちんと研究している先生方はまだまだ少ないと思うのですが，やはり先生方ご自身が「図書館を使った授業をやってみよう」と思わないと始まりません。

だから何かの拍子に先生方が，「アクティブラーニングをやらなきゃいけな

いし，じゃあ図書館を使ってみるか」と思ったらそれはチャンスなのです。しかし，そこで図書館側が資料を準備するだけであとは先生方に任せっぱなしにし，その結果，資料が使いこなされず，生徒の多くがスマホから適当にコピペするだけで終わったら次につながりません。なので，できるだけ生徒自身が乗ってくるような手法を私も働きかけるようにしています。たとえば司書の研修等で紹介された協働学習の技法や，「ライブラリーナビ」という神奈川県の学校司書の研究活動から生まれた情報をコンパクトにまとめてナビゲートするツールを紹介したこともあります。

──「アクティブラーニングに図書館が使えるんだ」ということを理解してもらうということですね？

はい。「図書館で授業をやったけど，なんかいまいちだったなあ」と思われたら次につながりません。普段の雑談の中でも先生方に働きかけをしていくのが重要です。生徒に白紙をただぽんと渡して「調べなさい」というだけの先生には，「白紙じゃ生徒には厳しいから，こうしたらどうでしょう？」と提案してみる。でも先ほど言ったとおり，先生のタイプもありますし，また授業の中身にどこまで踏み込むのかという問題もあるので，話の運び方や言い方には工夫が必要です。

──今の話は岸根高校の話ですよね？　でも県立高校っていろいろあるでしょう？　進学校もあれば，今はどうか知らないけれど，たとえば廊下をバイクで走るみたいな学校もあると思うし……。

さすがに今はそれはないです（笑）。

基本的に学校司書がやることは，どの学校でも同じだと思います。本の選定と受入，生徒への対応，授業の支援など。これを生徒，教師，校風にあわせてカスタマイズしていく。当然ながら超進学校で選ぶ本と，課題集中校で選ぶ本は変わってきますし，生徒とのやりとりも違ってきますね。授業のレベルも求められる授業のねらいも異なるので，その学校の実態にあったサービスをいかに提供できるかだと思います。

もちろん，今でもすべてがうまくいくわけではないですし，思ったほどにこ

ちらの思いが伝わらないこともあります。ただ，こちらのより関わろうとする姿勢に対しては，先生方も忙しいことから，ありがたいと思ってくださることもあるようですし，近頃は私自身の年齢も上がってきて，だいぶ言いたいことを言いやすくなりました。

――先生方に対して，上手に距離を測りながらコミュニケーションして授業支援を進めていく，その時に小川さん自身の外見，スタイルはどう作用しますか。

　学校図書館は基本的には一人職場なんですよね。なので学校司書のイメージがそのまま学校図書館に対する印象に直結することってやはり少なからずあるんじゃないかと思っています。

　ということもあり，私は自分をどうイメージしてもらうかということについてはそれなりに意識しているところはあります。学校司書としてどういう風に見られたいか，どう見せたいかということにもつながることだと考えています。もちろんそれは外見だけではなく，ふるまい，態度，しぐさも含めてです

が。外見でいうと普段は汚れることも多いのでジーンズとかですが，ここぞというときにはきちっとした服装をすることでメリハリをつけています。

　やはり学校司書というのは専門職として，必要に応じて「こういうデータベースもあるよ」「こういう調べ方もあるよ」という助言ができる人でもある。さらに，そういうことができる人なんだというイメージを普段からつけておかないと，いざという時に話を聞いてもらえません。普段からの関係づくりとともにイメージづくりが大切だと思うんですね。「この人が言うんだったら，やってみよう」という風に思ってもらうことが必要だと思います。

　取材を終えて
　細身の体にヘルムートラングのワンピースとジャケットがたいへん似合う小川さん。普段はジーンズも多いそうですが，ハイライトを入れてカラーリングした時には，先生方からもすかさず反応があったそうです。「この人の言うことなら聞いてみよう」という関係づくりのための手段として，自分の見せ方に気を使っているという話が，たいへん印象に残りました。

　竹岡眞美さんからのひとこと
　小川さんとは2017年にお会いし，ヘアメイクのスタイリングを担当いたしました。お会いした当初，小川さんはどちらかというと「コミカルな」風貌でした。コミカルな感じというキャラは「照れ」の表れだったのかもしれません。小川さんご自身は，本当はエレガントで落ち着いた魅力をもつ女性です。現在では，それが上手く表に出せるようになっていると思います。そのスタイルを維持されていて，とても素敵です。

シンプルケアを丁寧に
──重森貴菜さん（呉市議会図書室司書）

　地方議員の重要な仕事は本会議と委員会での活動です。本会議において首長に対し鋭く切り込み，いかに有権者の意見を反映させるか，議会の一般質問には議員の力量が問われます。そのためには中立性のある正しい情報が不可欠です。議会図書室は，そのための情報提供機関として，議員の調査研究をサポートする役割を担っています。

　2016年，呉市議会は新庁舎建設を機に，議会図書室に全国でも珍しい専任の司書を採用しました。市議の議案づくりや一般質問のクオリティを高めるため，図書室の機能を強化させることがねらいです。この活動が認められ，半年後には地方議会や議員の優れた取り組みを表彰する「第11回 マニフェスト大賞優秀成果賞」を受賞しました。現在この図書室で専任司書として活躍する重森貴菜さんは，大学でデザインを学んだのちアパレルメーカーで働いていたという異色の経歴のもち主です。

──なぜ議会図書室に？　元から地方行政に興味があったのですか？

　実はあまり興味はありませんでした。公募を見た時，詳しい仕事内容はわかりませんでした。わかったのは，新しく図書室をつくるんだなということ，そして，その主な利用者は議員の方で，議員の方向けのサービスをするんだなということ。利用者が（今まで働いていた大学の）教員から議員に変わるだけなので，それなら自分にもできるかなと思ったんです。

　そのほかに興味が湧いたのが，この図書室では，何か新しい取り組みを始めようとしている，というところ。そこに強く興味をもち，応募しました。

——それまでいた大学図書館はなぜ辞めようと？　不満があったのですか？

　そういうわけではなくて。大学図書館も楽しかったです。ちょうどオープンアクセスが主流になってきた頃で，博士論文などを公開するためのインフラ整備や，新しいリポジトリのシステムを取り入れることに関わりました。新しいものをつくっていくということにたいへんやりがいを感じました。

　でも，ある程度かたちができると，後は論文の登録というルーチン作業だけになったので，次はどんな新しいことをしようかと考え，今度は図書館だよりを作って広報活動を活性化させる取り組みを行いました。けれども，これもある程度かたちづくった時に，これは，あくまでも自分の枠の中でという意味でですが，大学図書館で自分を生かせることはもうあまりないのではないかと思い始めました。そんな時に，呉市議会図書室の求人を見つけたわけです。

——ちなみに大学図書館は非正規職だったのですね？

　はい，アパレルを辞めてからはずっと非正規です。司書資格は短期集中で取りました。大学図書館は運営を委託していて，私はその委託会社のスタッフで，年度契約でした。

　今は嘱託で，こちらも1年ごとの更新です。

——嘱託ということですが，議会図書室の構想と立ち上げの経緯からは，重森さんのポジションには相当な期待があることがわかりますね。

　そうですね。入ってから気づきました。資料が置いてあるだけなら以前の「物置」と変わりません。活用しないと意味がないとの熱い想いで，この図書室改革に大きく携わった職員の方（現在は他部署に異動）がいらっしゃいます。その方に面接の時，今いるこの図書室のフロアを案内され，まだほとんど何も置いていない状態でしたが，入った瞬間，直感的に「ここで働きたい！」と強く思いました。その後の面接で熱い思いを語られたのが良かったです。候補者が十数名いたと聞いていますが，ありがたいことに採用になりました。

——利用者は議員の方がメインですか？

　議員や事務局職員，市役所執行部の職員の方などです。たまに一般市民の方

13…個性あふれる現場のプロへのインタビュー　　91

も利用されます。人と接することは多い方かもしれません。長い時では，平均30〜40分ぐらい対応します。なかには何時間も滞在する議員の方もいらっしゃいます。その間のお話から，興味のあるカテゴリーやライフワークなどを伺い，そこから関連情報を発信したりするということもあります

　また，世の中には膨大な量の情報があふれています。議事課調査係の方々が全国紙の中から呉市に関する記事や全国の事例や動きをスクラップして，本日のニュースを作成しています。その後，私がそのスクラップ記事をデータベースにしていきます。そして，記事を読み込んで，「ああ，この内容はあの議員さんが気になっていることであったり，関連情報だな」と思ったら，個別にメールでご案内するということも行います。

　図書室だよりも作って，図書や事例の紹介をしているのですが，議員の方は多忙で読む時間がとれないこともあるそうなので，新着図書や企画図書など，ある程度内容を要約し，いらっしゃった際にご紹介しています。その際，最近はこういうトピックも注目されていますといった自分なりの視点を交えながら，情報発信や特集を組んだりしています。

——やりがいを感じるのはどんなときですか？

　定例会を傍聴した際に，議員の方が質問される内容のデータや事例に，私の提供した情報が実際に使われているのを目の当たりにするときです。大学図書館では味わえなかった経験でした。自分のやった仕事が目に見えるのが嬉しかったです。答弁の後に，執行部側の職員の方が，「あの資料を見たい」と直接調べにいらっしゃることもあり，「ああ動き出した！」と思ったりします。

　私は大学でデザインを勉強したのですが，商業的なデザインはアートと違って制限のある中で，ユーザーを動かすこと，問題を意図させること，そして結果に導くことだと思っています。たとえば，どういうアプローチで商品に興味をもってもらえるかなどを考えないといけないわけですが，似たような思考がこの仕事でも要求されているなと感じました。

——まさに「一般質問の質を上げる」という当初の目的を実現させているわけですね。今着任して2年がたったところです。1年目と比べて変化はありま

92

すか？

　目的を実現させたかどうかはまだわかりません。こちらに入る前は行政にあまり興味がありませんでしたし，自分が呉市出身なのにもかかわらず，呉市の名物や特産品すら知らない状態でした。ですから1年目は呉市のことを知るということに注力しましたが，2年目は余裕ができ，レファレンスの速度が上がり，内容的にも密度の濃い情報を提供できるようになってきました。さらに，その分の余力を図書館だよりなどにまわし，以前より質の高い内容になるよう努めています。

重森さんが担当する図書館だより「チャージ」。「ロゴは，前担当者の渾身作ですが，平成30年度から一新し，新しい『チャージ』に進化します」とのこと。

――重森さんの「スタイル」について聞かせてください。元々アパレル関係のお仕事をされていたわけですが，この図書館業界に入って違いを感じたことはありますか？

　はい。多少ありました。

――なんとなく想像つきますが，たとえばどんなことですか？　みんな靴下を履いているとか？

　靴下の割合は多かったですね。

――靴下が悪いわけじゃないけれど，おしゃれとして履いているのではない？

　おそらくそうだと思います。実際に働いてみたら，特に冬は図書館内が寒くて床から冷えてくることがわかりました。

――カーディガン率の高さとか？

　なかにはいらっしゃいました。色はネイビーやグレーが多かったです。事務職的な面もあったり，公的な職場というのもあるので相応だと思います。

13…個性あふれる現場のプロへのインタビュー

服装に規定があればそれに従います。しかし，特に規定がないのであれば，自分のスタイルをその職場の雰囲気に合わせて変えるという考えはもち合わせていなかったので……。幸いなことに，私が初めて勤務した図書館では，エプロン着用の義務もなく，服装にも特に規定がありませんでしたので，業務に差し支えない範囲で，かつ自分の好みの服装と大好きなハイヒールで仕事をしていました。

──人間って，集団の平均にどんどん近づこうとしますが？

　そこは，我が強いせいでしょうか，私は小さい頃からおしゃれは好きで，なおかつ人と同じことをするのが嫌いでした。ですから，同じようなかっこうをするのも絶対いやだという気持ちがありました。私以外に，もう一人我が強い人がいたのですが，彼女は私と服装のタイプが違ってギャルソン系，モード系でとても個性的でした。デザイン性の高い洋服で，全身黒だったり，差し色に白かグレーを少し入れていました。2人でいると図書館員じゃないみたいと言われていました（笑）。

　最初は「なにあの2人？」という目で見ていた方もいらっしゃいましたが，徐々に興味を示してくれて，「どこで服を買ってるの？」「化粧品は何を使っているの？」と聞いてくれる方もでてきました。メイクにしても，最初は日焼け止めしかしていなかった方が，いろいろなメイクや服装に挑戦し始めて，気がつくとまわりが少しずつ変わっていました。

──お二人が影響を与えたわけですね？

　そうかもしれません。でも，私が辞め，彼女もいなくなって，また少しずつ元に戻ってきていると聞きました。

──議会図書室に転職してからの服装はいかがですか？

　この議会図書室に来て1年目に心がけたのは，前職のフリーなスタイルとは逆で「図書館員」「司書」らしさです。議員の方は，「図書館員」「司書」というものをそもそもご存知ではありませんでした。「司書」とはこういう仕事をして，こんなことをします，とまず説明することから仕事が始まったからです。

その甲斐あって，「司書」とは議員の研究資料を探したり，情報を集めて提供したりする本に詳しい人，というざっくりしたイメージをもってもらうことができました。

　話は少し変わりますが，世の中にはイメージでつくられたアイコンがあふれています。アイコンとは，対象となるもののイメージやマークです。白衣を着ている人を見たら，医師か研究者だろうと思うところのアイコンは，白衣です。それと同様に，情報収集ができ本に詳しい人がイメージできるメガネと，信頼のできる情報を提供しているという堅実なイメージでスーツスタイルをベースに「司書」らしさと実績とを重ねていきました。

——重森さんの言う「司書らしさ」はステレオタイプな「司書っぽさ」とまた
　意味が違うものですね。ところで，髪がとてもきれいですが，どうされているんですか？
　実は，これを言うとみんなに引かれてしまうんですが，美容院にはほとんど行っていません。自分で切って，自分で納得のいくように手入れをしています。

——なんと！　でも真っ黒じゃないですよね？　染めてるみたい。
　この茶色は生まれつきの地の色です。中学生の時，メッシュをいれてるんじゃないかと言われました。

——うらやましい。かなり特殊ですね。手入れは具体的になにを？
　非常にシンプルです。髪をこすらないように洗う。シャンプーは地肌しか泡立てない。高校生のときから続けています。巻くと傷みますし，冬場は乾燥でも傷みやすくなります。そういう時はドライヤーをあまりかけません。でも濡れたままだと雑菌が増えるので，タオルドライで水分をていねいにとります。毛先は多少濡れていても，地肌周辺を徹底的に乾かし，最後に毛先を中心に馬油を馴染ませます。その後は自然乾燥です。そのせいでしょうか，年始に髪を15センチほど切りましたが，あまり傷んでいませんでした。馬油はきくんだなと思いました。

13…個性あふれる現場のプロへのインタビュー　　95

――相当に神経を使っているんですね。すごいです。

　私としては，あまり神経を使っているわけではありません。慣れると，何かしながらできてしまいます。乾かしながら動画を見たり，何か読んだり。髪が長くて大変そうと言われますが，自分では苦とは思ってないです。

――髪が傷んでいるのはどうしたらわかるんですか？

　指どおりの違いを感じます。先日，巻き上げたので，今はその傷みが出ていて指どおりが悪いです。今はサプリをとり，髪に栄養補給をして，ドライヤーなどの熱の負担を極力かけないようにして休ませています。

――馬油って，何か特別なものを使っている？

　液状だったらなんでもいいと思っているので，ネットショッピングサイトで見つけたら即買っています。馬油は万能だなあと思います。傷口にも効きますし。私の母は肌にずっと塗っていて，馬油だけなのにあまり日焼けしていないです。

――重森さんご自身から受ける印象も，仕事でのコミュニケーションには非常に大きく作用している気がします。親しみやすい雰囲気と仕事の質，両方とも車の両輪のように大事だと思います。

　私が感じたことなのですが，議員の方々に対して職員の方々は構えていらっしゃる感じがします。確かに，敬意を払わなければならないと思うのですが，一人ひとりはお話するとかわいらしいおじいちゃんだったり，気のいいおばさまだったりします。純粋に心からサポートしたい，そのために提供する情報の質を上げたいなと思うことが多いです。

　図書室の予算は非常に限られていて，着任前はたったの２万円（年間）でした。が，１年目は15万に，今年度は30万円になりましたが。なので，図書を購入するためのリストづくりにはだいぶん頭を使います。図書や資料の充実を図ることも重要ですが，人と情報をさまざまな形でつなげるということも，この仕事の重要な役割のひとつだと感じています。

取材を終えて

　重森さんの語る「司書」らしさは，本来の専門性をわかりやすく記号として伝えるための戦略に基づいたものだと感じました。利用者の顔を知っていて，しかもその一人ひとりの課題とニーズも把握しており，質の高い情報提供を行うための工夫をしている。重森さん自身のこだわりのスタイルも利用者とのコミュニケーションに大きく関係していると感じました。

竹岡眞美さんからのひとこと

　重森さんは黒髪がたいへんお似合いなのはもちろんのこと，髪の毛の科学的な仕組みを理解され，手入れを継続されていることが素晴らしいです。黒髪が似合うためには，その美しさをキープするための面倒な手入れが欠かせません。ご本人はさらりとおっしゃっていますが，誰にでもできることではなく，そこがすごいところですね。

行きたい世界の人の真似をしてみる
──河合郁子さん（公共図書館勤務）

河合さんは20代の後半にそれまで勤務していた映像制作会社を辞め，司書資格をとり，非正規職員としてライブラリアンのキャリアをスタートさせました。業務委託職員として大学図書館の雑誌受入係や，直営公共図書館の非常勤司書などを経験し，2007年からは指定管理会社の社員として，公共図書館の企画展示の業務に携わってきました。この経験が自治体の目にとまり，今年，2018年に県の正職員として中途採用されました。

40代で新たなスタートを切る河合さんに話を伺いました。

──県立図書館への転職おめでとうございます。

ありがとうございます。今回の中途採用のポジションはたまたま自分のやってきたことに合致していたようです。

──今までは，どういうお仕事をされていたんですか。

大きく2つ，ひとつはこれまでにない形でのコレクションの活用，もうひとつはやはりこれまでにない形でのアウトリーチサービスです。

公共図書館には貴重資料がありますよね。それらの資料は，「調査研究のため」として利用者に閲覧されている。でも，それによってどういう研究成果が出たのか，資料がなんの役に立ったのか，提供する我々の側は必ずしも把握していません。わからないから，資料の特性をPRしようにもできない，納税者にも説明できない。そこで，研究者の協力をいただき，コレクションごとに研究

チームを発足させました。研究者には定期的に調査や発表していただく。図書館は，その結果をまとめて企画展示や講演会，レポート等の発行など，一般の利用者へわかりやすい形で伝える。そういう仕事をしていました。新聞に取り上げられることも多く，展示・講演会には全国からご来場いただくなど，一定の成果を上げたと思っています。

　もうひとつのアウトリーチ，これは従来の「待ちの姿勢」のサービスではなく，こちらから積極的に外の潜在的な利用者に仕掛けていく提案型のサービスです。忙しくて図書館へ行く時間がないビジネスパーソン向けに，図書館内の展示で使用したビジネス書やPOP・パネルなどを再利用して行う「ビジネス書の出張展示」を実施しました。ビジネス書（50～100冊程度）とPOP（推薦コメント）をセットにして，企業のオフィスに出張し，社員の休憩室や空き会議室などのスペースに2週間ほど展示します。自由に手に取って本に親しんでもらうというものです。

——どちらも重要だけれども，通常の司書業務の範疇からはこぼれ落ちてしまうものですね。ところで，河合さんは司書なんですか？

　司書資格をもっている人，という意味でいえば私は司書ですね。2005年から2年間，直営非常勤の司書をやり，2007年にその同じ図書館が指定管理に変わってからは，社員として図書館業務にあたり，11年間企画の仕事に携わりました。ここでは司書資格はの有無は問われません。同僚は，雑誌編集や学芸員の経験者でした。

——その間，大学院にも行かれていますよね？　それはどういった理由で？

　20代の後半にそれまで働いていた会社を辞めて，短期講習で司書の資格を取り，業務委託職員として大学図書館などで働いていたんですが，先が見えないと思ったんですね。この世界に入る時，私は司書というのは専門性の高い，やればやるほど深まる仕事だと思っていましたし，そういう知識やスキルを磨いていきたいと思っていました。でもいざ資格を取って，さあ働くぞと思ってみると仕事がない。それでしかたなく業務委託の司書になりましたが，業務委託という身分だとどうしても業務の範囲は狭い。専門性の高い仕事とはとても

13…個性あふれる現場のプロへのインタビュー　　99

いえないような作業もあり，なかなか深まっていかないというジレンマがありました。

　通常の「表玄関」から入っていく図書館の正職員の道は，すでに年齢的な壁で閉ざされていました。かといって，当時，経験者枠のポジションなどを探すと，短期の司書講習などではカバーしない内容で，とても自分では太刀打ちできない専門知識が求められる。採用試験で「○○について述べよ」と書かれているその○○がわからないので，一次を通過して面接（二次）へ進むことすらできない。

　つまり，先に進むために私は「若返る」か「専門知識を深める」のどちらかの選択肢しかなかったわけです。

——先が見えなかったとのお話ですが，当時は時給でお仕事されていたんですね？

　そうです。時給1,000円でした。当時は独身で一人暮らしでしたから，とてもそれだけではやっていけず，図書館の仕事が終わるとウエイトレスの仕事もしていました。悲しいことにウエイトレスの方が，時給が高かったんですよ（笑）。

——大学院の学費も自分で払っていた？

　今も奨学金を返済中です（笑）。大学院は昼間のほかに夜間の授業も開講されてましたし，夏の集中講座などもありましたから，働きながら単位が取れました。週に4日図書館で働いて，大学院に行ってと，人生の中で一番経済的に苦しかった時期ですね。

——着るものとかはどうされてたんですか？

　全然手が回りません。それどころではありませんでした。図書館のカウンターに出ていましたから，自分なりにはきちんとしていたんだろうなと思うのですが，記憶にないですね。

　基本的にファッションには興味がないんです。故郷の金沢に洋服店を営んでいる友人がいて，司書資格を取るために東京に行く時に，何着か選んでもらい

ました。それ以来，東京では新しい服はしばらく買わなかったですね。

——ファッションに興味がないと言いながらも，ある程度きちんとするとはどういうことなのか，それがなんとなくわかっているのではないでしょうか。ファッションってお金じゃないともいいますし。河合さんに最初にお会いした時の印象は「司書っぽくない」人だなあというものでした。

展示の仕事をするようになってから，ときどき，そう言われるようになりました。ミュージアムや出版社と連携して展示をつくる仕事も多かったのですが，ダサいかっこうをしている人に展示を頼むのは怖いでしょう？　なので，連携先の方が不安にならないように，打ち合わせがある日などは少し意識して洋服を選ぶようになりました。

——それにしても，非正規から県の正職員というのは素晴らしいキャリアアップです。ご自分でそういう未来を描いていましたか。

ウエイトレスをやりながら非常勤で働いていたときは，そこにつながる道は見えませんでした。新卒で図書館情報学を学んできた人たちのための道しか用意されておらず，私自身の道が見えなかった。「やばい，ここから向こう岸まで，この川を自分が渡っていくにはどうしたらいい？」と思っていました。

私が行ってきた企画や展示の仕事というのは，図書館では非常にニッチな分野なんですね（ニッチ過ぎて需要がほとんどないくらい（笑））。今回は幸い，そのニッチな経験と求められている職種がうまく合致したということだと思います。

——「若返る」しか正規のポジションに就く道はないというところから，13年を経て，年齢と経験を重ねたがゆえにポジションを得ることができたという

ところまで，この変化は非常に大きいですね。今，キャリア構築に悩んでい
る方に向けて，河合さんなりのアドバイスがあればぜひお願いします。

　まったく偉そうなことは言えません。ただ，ひとつ私が「こういう風にして
みたらよかったよ」と言えることは，めざしている人，行きたい世界の人がやっ
ていることをできる範囲で真似してみるということです。私がプロフェッシ
ョナルとして憧れていたある方は，研究会のような集まりに，業務で出しても
らえなくても，プライベートの休みを使って新幹線代も自分で払って参加され
ていました。そういうのを真似してみましたね。「お金がないから何もしない」
だと，いつまでたってもなりたい側の人には近づけないと思ったんです。

　もうひとつは外に充電の場所をつくるということでしょうか。私にとっての
充電の場所はINFOSTA（一般社団法人　情報科学技術協会）でした。研修委員
やシンポジウム委員の仕事を通して，本当に素晴らしい方々にお会いし刺激を
受けました。

——さて，今回，竹岡眞美さんに「プチスタイリング」をやっていただきまし
た。今日着ているパフスリーブっていうんですか，ちょうちん袖って言った
ほうが私なんかはわかりやすいけど，普段の河合さんが絶対に選びそうもな
い優しい雰囲気のブラウスですね。

　とても貴重な体験をさせていただきました。竹岡さんといろいろお話しをし
て，めざすゴールを探っていく際に，転職によって地方の公務員の世界に入る
ので，スタイリングをどう変えていけばいいか悩んでいることを話したところ
「上品で知的でおしゃれであれば，文句つける人はいないわよ。綺麗で優しい
ライブラリアンをめざしましょう」となり，これを選んでいただきました。

——河合さんの仕事に対する真摯さと能力の高さ，これをわかりやすく外側に
引きだしてくれていますね。しかも優しい感じ。

　竹岡さんの言葉で印象深かったのは，「おしゃれのセンスは，努力と練習が
必要。勉強と同じで一日にして成らず」ということですね。練習しないでこの
年まできたというのは大いに反省です。「人間は外見じゃない，中身なんだ」
と常々両親に言われて育ちましたが，本当は，外見も内面もどちらも大事であ

るということ。スタイリングが趣味や娯楽ではなく，コミュニケーションのスキルであると考えれば，しんどくても面倒でも，必要なものをもっていないなら，取りに行くしかない。そういう意味では，大学院も英会話もスタイリングも同じかもしれませんね。

取材を終えて

　何か自分の中に「とんがったもの」をつくると，必ず誰かが認めてくれる，お話を伺ってそう感じました。なりたい人の真似をする，充電の場所を確保する，私も実践していきたいと思います。

　ご自分では一貫してファッションに興味がない，センスがないとおっしゃるのですが，最初にお会いした時から「この人は何か違う」と思わせる雰囲気があり，今回の転職のお話を伺って，その印象は間違いではなかったのだなと思いました。きりっとした印象に優しさをプラスした竹岡さんの目のつけどころもさすがです。

竹岡眞美さんからのひとこと

　短い時間で服を選びましたが，いろいろな気づきを得ていただいて，とても嬉しいです。即行動に移してみる，実践してみるという河合さんの姿勢が道を切り拓くのですね。選んだブラウスは，色味の違う白でさえなければ，なんでも合います。パンツでもスカートでも，長さもラインも。それが白のいいところですよ。

認知度よりも想起度。専門性を伝えるために必要なこと
――南山宏之さん（アクサム・コンサルティング　代表取締役）

　アクサム・コンサルティングは南山宏之さんが1989年に立ち上げたブランディングのコンサルティング会社です。au，100円ショップのセリア，LCCのソラシドエアなど，誰もが「ああ，あれか！」とわかる企業のコンセプトデザインを手がけてきました。一度は大学図書館に身を置いたことのある南山さんにブランディングという視点からお話を伺いました。

――南山さんはキャリアのスタートが大学図書館で，転職を経て現在のブランディング会社を立ち上げられたというユニークなご経歴をおもちです。大学図書館には何年いらしたのですか？
　大学図書館には，4年間いました。
　学生の頃は多くの人と同じで，自分が何をやりたいのか，まったく漠然としていました。
　三田文学に憧れて慶應義塾大学に入りましたが，学生時代の運命的な出会いは，京都学派の梅棹忠夫先生と川喜田二郎先生。民俗学や文化人類学。フィールドワークや発想法，創造技法にのめりこみました。移動大学や全国の大学生

を組織していくつかの企画を実行していました。図書館に勤めるきっかけは，「図書館は，Knowledge of knowledge。」という化学者であった父親の言葉と，図書館・情報学科の恩師からの推薦からでした。もちろん，勤めるからには「日本一の図書館にするぞ！」というたいへんな意気込みで図書館に勤めることになりました。

——実際に新卒で入られていかがでしたか？

　実際の図書館は，想像以上に，大学の中で孤立していました。顔のない孤独な図書館。

　図書館が，大学の研究や教育，経営にどう位置づけられ，どう成果を生み出そうとしているのか，何も指針がないまま運営されていました。誰から賞賛されることもなく，注目されることもありません。

　郊外に位置する新設の私立大学は，施設だけが妙に派手で，一方で教育研究の理念やビジョンが空洞化しているように見えました。事務部門は，絵に描いたように保守的で，図書館が研究や教育にどう機能すべきかという本質的な戦略や，知の創造性という議論は，彼らには意味のないことだったように思います。

——悶々としていた？

　はい。辛かったですね。アイデンティティ・クライシスでした。時々，様子を見にきてくれる大学の恩師が命綱のようでした。それでも，先生方の中には親しくしてくれる人もいました。留学するにあたって研究情報の探し方，参考文献のつくり方，今から思えばたいしたことではないけど，ボランティアで目録や分類の勉強会をやったらすごく喜ばれました。AACRを教えてくれという先生もいた。自分の本を整理してみたいと。業務時間外でボランティアをやっていましたね。そんなある日，図書館長から呼び出され，広々とした館長室でゆっくり話をする機会がありました。

　「南山くんは何をしたいの？」と聞かれ，「はやく図書館長になって，図書館を魅力的なものにして，この大学の成長に貢献したい」というようなことを話しました。すると「それならマーケティングや経営戦略の勉強をしたほうがい

13…個性あふれる現場のプロへのインタビュー　　105

いのではないか？」というアドバイスをいただきました。

　その後，その大学図書館で，今の仕事になる「組織のアイデンティティマネ
ジメントやブランド戦略」という新しい分野との運命的な出会いがあり，コン
サルティング会社で修業した後，自分の会社を立ち上げました。図書館に勤め
なかったら，今の私はありません。

——ブランディング会社を立ち上げたあと，大学図書館でなしえなかった消化
　不良的な思いはありましたか？
　大学図書館でなしえたかったことは，２つあります。
　ひとつは，その図書館固有の目的やビジョンを関係者たちと一緒に策定し，
共有するなかで，図書館という名称にこだわらない，もっと開けた教育研究組
織へと発展させたかったです。
　もうひとつは，その図書館固有の目的やビジョンを関係者たちと策定するプ
ロセスから，その大学固有の理念とビジョンを構築し，より知的で魅力あふれ
る大学アイデンティティの確立にむけて，戦略を練り，組織横断的に実行した
かったです。図書館自身が，自らも Knowledge of Knowledge として，さまざ
まな切り口をもつ教育プログラムを策定し，内外の横断的な教育研究の融合を
図るオープンな「知の仕掛け人」としてアクティブに働きかけていきたかった
ですね。
　今の会社では，慶應義塾を含め，いくつかの私立大学のブランディングに携
わる機会をいただきました。そこで気づいたことは，私立大学というのは，志
がある創立者がいて，その志を源泉にして成長しているということです。とこ
ろが，日本の大学は，一部の大学を除いて，その源泉が希薄だということで
す。そんな希薄な源泉からは，ユニークな魅力ある研究教育の理念やビジョン
は醸成されません。自由な立ち位置にある図書館が源泉となり，「知のストッ
ク」を魅力ある価値に変換し，ハーバードやスタンフォード大学のように戦略
的に，自らを社会に，グローバルに訴求していくことが求められています。

——そもそもブランディングとは何でしょうか。
　ブランディングっていうと，何か実力以上にいいイメージをつくるものだと

か，認知度を高めて来店者数を増やす……みたいな意味だと誤解している人がいますが，そうではありません。

brandとは，ひと言でいうと送り手と受け手が交わす「約束する価値」といえます。たとえば，ChanelやDiorには，洗練された不変で固有の「約束価値」があります。

AppleやGoogleにも，こだわりのある提供価値と受け手の期待価値が交わるユニークな「約束」が存在します。

つまり，brandingとは，その両者をつなぐ「約束の絆」を構築することであり，その結果，「組織の価値そのものを高める」という意味があります。

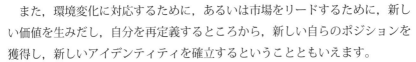

また，環境変化に対応するために，あるいは市場をリードするために，新しい価値を生みだし，自分を再定義するところから，新しい自らのポジションを獲得し，新しいアイデンティティを確立するということともいえます。

――もう少し具体的に言うと？

日本社会は60点しかとれない奴は何とか80点にしよう，90点に上げようと，みんな同じ100点をめざす社会だと思います。でも，実際は人って，それぞれ得意，不得意があります。欠陥があっても，その人にしかない良いところもある。その良い部分だけを抽出して，その魅力を100として，これを200，300にどうやって価値を上げていくか。その結果，ユニークで魅力ある固有のポジションを獲得する。競争が少ないブルーオーシャンのポジションの獲得する。それを考えるのがブランディングです。

――そういう意味でいうと，図書館のブランディングは，図書館のもつ強み，ユニークネスと潜在的な利用者が感動するもの，そこが交わる部分をいかに伝えるかということになるのでしょうか。

そうですね。まずは，ひとつひとつの図書館がユニークであり，異なる目的

や目標があるはずです。今の図書館学では，そのことにふれていません。図書館という名称をはずして，図書館法から逸脱した機能や役割もあってよいと思います。図書館の存在価値というのは「知の知」であるということです。今の教育ではカバーできないもっと自由で開けた教育機関としてのポジショニングもあると思います。そこで働くライブラリアンは「知の仕掛人」です。その専門性をどう磨き，どう社会から理解と共感をしてもらうかがポイントになります。そのための図書館エクスペリエンスをどう提供できるか。その存在とコンセプトをどう想起してもらえるかが重要です。

——想起というと？

よく認知度を上げよう，とか言いますが，認知度が上がっても，想起されなければ意味はありません。

たとえば，日本の自動車会社を挙げてくださいと言われたら，真っ先に思いつくのはどこですか？

トヨタ？　その次が日産，ホンダ，マツダ，スバル……。（日産は，すでにフランスの自動車会社ですが）。

でも，三菱自動車はどうですか？

三菱自動車っていえば，誰でも知っている。100％認知されている。でもなかなか想起されない。認知度は100％でも想起度は著しく低い。結構知られてるし，乗ってる人も沢山いるのに，です。

ブランディングを成功させるためには，最初に想起される上位３つぐらいに入る必要があります。訪れたい組織の上位３つ。就職したい組織の上位３つ。でも，そのためには，なんらかの強烈な経験がないといけない。たとえば，溺れそうなときに助けてくれた，みたいなショッキングな経験，これを起こす仕掛けがないといけないんです。

——図書館に当てはめるとそのエクスペリエンスとはどういうことになるでしょうか。

私にとっての図書館の経験は，圧倒的な静けさと，蔵書と，勉強している人たちでした。

あそこで閃いたとか，新しい知の経験をしたとか，あそこで就職を決めることができたとか，論文が書けたとか。

　そういうエクスペリエンスがないと，想起度は上がっていかない。ライブラリアンは本来はナレッジコンサルタントだと思うんです。勉強したいけどできない人（ごめんなさい）を集めて，実はこんな知があるんだよ，こんな著者がいるんだよ。こんな研究があるんだよ，という種をまく。もやもやして学生たちに，光を当てて道を照らしてあげる役割があると思う。ゼミで課題がでたとき，どっちの方向にいけばいいとか，就職活動での自己分析とか，最近よく１分間ムービーを提出してくださいなんていう会社があるけど，じゃあ図書館で１分間ムービーを作ってあげようよ，とか。ニッチだけど重要なことってたくさんありますね。あるいは知を横断的に編集してあげることもできる。

──そういう「助けてもらってよかった」というエクスペリエンスを体験して
　もらうために重要なことはなんでしょうか。

　重要なのは，２つあると思います。

　ひとつは，図書館という名称がつくる世界観を超えるサービスを提供するということ。

　もうひとつは，「カスタマージャーニー」といって，入り口を入ってから出るまでの顧客（利用者）行動をしっかり設計する考え方ですね。そして，カスタマージャーニーの中で，できるだけ早い段階でユニークネスを伝える。これが想起度を高める。

　航空会社であれば，座席を申し込むホームページのデザイン，シートベルトの装着を説明するオリエンテーションムービー，そしてCAの接遇と，座席の快適さ，食事のおいしさ。この５つのエクスペリエンスの連動が，深い想起につながり，次にどこの航空会社に乗るかが選択されます。

　私たちはこれを「タッチポイント」とよんでいますが，図書館でいえば，空間，書架，サイン，蔵書とサービス，そして職員の接遇といえますが，この「タッチポイント」をどんなコンセプトで設計するかで図書館のブランディングは決まってくると思います。

　図書館っていうと，建築家が自分の記念碑みたいにどーんとしたものを作っ

13…個性あふれる現場のプロへのインタビュー　　109

たり，空間設計や，サインデザインに一貫性がなかったり，酷いPOP紙が壁にべたべたと平気で貼られていたりする。

顔のない図書館，個性や魅力が伝わってこない図書館には，明確なビジョンやコンセプト。そして，「カスタマージャーニー」を設計するうえでのタッチポイントという考え方がまったくないと言ってよいかと思います。

——では，タッチポイントとしてのライブラリアン自身のスタイルはどうあるべきと考えますか。

ライブラリアンは「動くタッチポイント」として人の目に留まりやすい。ルック・スピーク・アクトという，見せ方・話し方・ふるまい，これがタッチポイントの大きな要素です。しかし，これをどうするかはそもそもの図書館のコンセプトで変わる。Appleにいくと「私は，スティーブ・ジョブズです」みたいにふるまう人がたくさんいる。組織としてはそれが大事なこと。ライブラリアンのスタイルも，図書館のコンセプトが何かで決まると思う。

——つまり，やはり経営サイドのミッションとビジョンが重要ということですね。制服のコンサルも手がけている南山さんから見て，制服についてはどのような考えをおもちですか。

僕は制服には2つのアプローチがあると思っています。

ひとつ目は経営サイドから見たユニフォーム。空間の中で配置される「キャストとドラマツルギー」という視点。仕事の現場をひとつのステージとして見立てて，キャストがどういう風に演じるのがよいのか。そのキャストならではの象徴性と機能性。全体の整合性と関係性を示すデザインのシステム性。

たとえばスターバックスのスタッフは，グリーンのエプロンだけど，ある資格をもっている人はブラックエプロンをしている。新しく開店するときのディレクターになれる人ですね。図書館にもそういうのがあってもいいと思いますね。私はレファンス。私はファシリテータ。私は配架中。

もう一方の視点は，ユニフォームを着る人のモチベーションがあります。服が人をつくります。かっこいいユニフォームは着ている人の意識を変える，モチベーションを高めることができます。

　そして，これらドラマツルギーとモチベーションの源泉になるのが，やはりその図書館固有のアイデンティティコンセプトでありブランドコンセプトなのです。

——南山さんはお母さまが服飾デザイナーをされていて，南山さんご自身もたいへんおしゃれですが，最後にご自身のスタイルについての考え方をお聞かせください。

　服が人をつくります。だから，洋服で装うということについては，大切にしたいと思っています。

　デザイナーの母からは，「美しさ」「洗練」「作法」ということについて，よく話を聞かされました。

　自分の洋服選びの歴史には，みっつの段階があったように思います。

　ひとつ目は，初めて洋服を選んだときのこと。好きな人から中身もファッションも「いいね！」と思ってほしいと思って，限られたお小遣いを握りしめて洋服を選んだときのこと。ふたつ目は，社会に出て，尊敬するクライアントや

13…個性あふれる現場のプロへのインタビュー　　111

スタッフと仕事をするようになって，人前で話をするようにもなって，ちゃんとした身だしなみをしたいと思って選ぶ洋服。そしてみっつ目は，おしゃれを楽しむために，自分のために洋服を選ぶということ。

　実際は，自分のことが一番わからないともいえます。いつも安全でワンパターンになりがち。そういうときは，信頼しているデザイナーやスタイリストから，自分では選べない洋服を選んでもらい，また新しい自分を発見するのです。

　最近は，自分のためにおしゃれをしたいと思います。もう還暦も過ぎましたから，少しやんちゃでエレガントなお洒落オヤジになりたいと思っています。

取材を終えて

　最後に一緒に記念撮影をさせていただきました。大学図書館を経て経営者になられた南山さん。物事を俯瞰的にみる経営者の視点で図書館のブランディングを語っていただきました。身に着けていらしたのは，竹岡さんが選んだというスーツ，「これを着てプレゼンをすると必ず仕事がとれるんです」とおっしゃっていました。まさに「装いの認知力」ですね。自分自身のイメージが正しく伝わるためには，相手に与えるエクスペリエンスと，最初の入り口となる外見が重要だということを改めて感じました。

竹岡眞美さんからのひとこと

　南山さんの魅力は，その性格のユニークさ，唯一無二なキャラクターにあります。それが一目で他人に伝わるような外見になっていると思います。私が普段行っているイメージコンサルティングも，まさしく個々人の「タッチポイント」をいかに印象づけ，目に留めてもらうか，ここをめざしています。企業も人もブランディングの基本は同じですね。

役立つスタイリング関連本の紹介

14

スタイリング関連図書が急増している

　スタイルそのものに対するとらえ方は、20年前、30年前とは明らかに変わってきています。かつてはファッション雑誌中心だったスタイリングに関する情報源が、単行本という形で提供されることが多くなってきました。

　そのことを端的に表すのが次ページのグラフです。国立国会図書館サーチにおいて所蔵館を国会図書館のみ、資料種別を本のみに限定し、2000年以降のおしゃれや着こなしに関する図書を検索し、出版年ごとの推移を示しました。NDCの593.36に分類される図書のうち、洋裁や手芸に関するものを除いて、スタイリング関連のものを目視で拾ったものをグラフ化しています。これを見るとスタイリングに関する本は2011年以降、明らかに急増しています。

　従来情報源の中心であったファッション雑誌は、どちらかというと広告宣伝

のための一過性の流行を追いかけた媒体です。その意味ではあまり普遍的な知識は得られません。美容院へ行った時にしか手に取ることがないという人は多いと思います。モデルが美しすぎて，かつ痩せすぎているため，自分自身が着た時のイメージがわかないし，掲載されている服やバッグや靴や化粧品が高額すぎるので，現実にどう応用すべきか難しい。「この冬は〇〇で決まり！」などの煽り文句を真に受けるのも恥ずかしい。いろいろ理由はありますが，とにかく，コラムや小説や書評や映画評を中心に読むと，すぐに読むところがなくなってしまう，そう感じている人も少なくないのではないでしょうか。

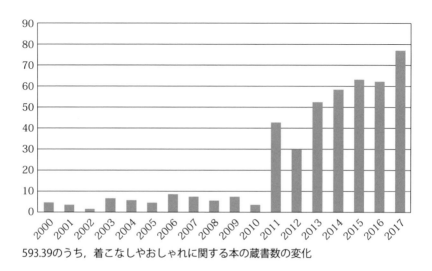

593.39のうち，着こなしやおしゃれに関する本の蔵書数の変化

　図書資料はある程度流行を追ってはいるものの，時代に流されない普遍的な知識をまとめたものも多く，スタイリングを体系的に学習するのに向いているものが数多くあります。いくつかをご紹介しましょう。

杉山律子『クローゼットは３色でいい』KADOKAWA，2017.

何をどう着こなせばよいのかわからないというおしゃれ初心者に向けて，おさえるべきポイントを丁寧に解説。「白をできるだけ取り入れることがおしゃれになる近道」とし，白・黒・ネイビー・グレー・ベージュ・トープ・カーキ，この中から３色を選んで基本のクローゼットをつくる提案をしている。ともすると地味になりがちなこれらの色の組み合わせで，洗練されたおしゃれを演出するためのさまざまなパターンも紹介。

小林直子『わたし史上最高のおしゃれになる』扶桑社，2017.

服や靴，バッグ，アクセサリーや小物類にかけるべき予算は，自分の給料の１割。予算をしっかり決め，無駄なものをいかに買わずにおしゃれを楽しむかを，具体例を挙げて指南している。安物買いにならずに，消耗品と長く着るものを分けて考えるなど，経済力のいかんにかかわらずどんな人にでも参考になる。

ジョージ・ブレシア『ニューヨークの人気スタイリストが教える：似合う服がわかれば人生が変わる』ディスカバー・トゥエンティワン，2015.

ファッションを変えることによって，自分が発するメッセージを変えることができることを説く。クローゼットの中の服の色をみてわくわくできなければ，それは何か問題があると指摘したうえで，100点満点を集めたパーフェクトクローゼットのつくり方を指南している。

佐藤友美『女の運命は髪で変わる』サンマーク出版，2016.

「日本女性の７割は髪で損をしています」というメッセージで始まる。美容院で手に取るようなヘアカタログ本などの情報源に限られていたこのジャンルで，写真を用いず，最低限のイラストで，わかりやすく解説した画期的な一冊。「その日の髪が決まるかどうかは，前日の夜にかかっている」。「髪を構成する３つの要素」の話も参考になる。

山本あきこ『いつもの服をそのまま着ているだけなのになぜだかおしゃれに見える』ダイヤモンド社，2015.

パーソナルスタイリスト，山本あきこさんによる処女作。一貫して「普通の服」を素敵に着こなすノウハウを紹介している。いわゆるファストファッションのプチプラの着こなしも学ぶことができる。初心者向けに手首・足首・首の「３首」見せや，シンプルなデザインの服にアクセサリーで味付けすることなど，「基本」をやさしく解説。

大森ひとみ『男が上がる！　外見力＝METHOD OF VALUE UP FOR PERSONAL BRANDING』シーアンドアール研究所，2016.

スーツを着用する機会のある人，特に管理職以上の男性は必読。シャツやネクタイ，スーツ，ズボンの裾の決め方などのほか，正しく着こなすための知識を得ることができる。「耳垢はないか」「口臭はないか」「鼻毛，耳毛は伸びていないか」など，とても周囲の人は面と向かって言えない24の「グルーミングチェック」は必見。

14…役立つスタイリング関連本の紹介　　115

地曳いく子『着かた，生きかた』宝島社，2016.

　「好きな服」と「似合う服」の落としどころの見極め方，体形に合った自分らしいスタイルの見つけ方をアドバイス。「髪形が今っぽいと，服がベーシックでも垢ぬけて見える」「美人な雰囲気をつくってくれるのも，服やメイクより，実は髪型」と述べている。同じ場所に立ち止まらずに，常にアップデートをし続けることの大切さも説く。

地曳いく子『服を買うなら，捨てなさい』宝島社，2015.

　30代以上に向けて，いらない服をどのように整理し，本当に必要なものだけで素敵におしゃれするかを指南。新しい服を次々に買うのではなく，定番品をアップデートする，「なんでも着こなせる」という幻想を捨てるなど，流行に踊らされない自分スタイルの貫き方を学ぶことができる。

おわりに

　どんな職業人も，日々変わっていく，成長していくことは重要ですが，ライブラリアンも同じです。たとえていうなら，私たちは人生において，常に山の中腹に立っています。そこから先は「登るか下るか」しか選択肢がありません。しかし，自分の職業人としての価値を高めるためには登っていくよりほかないのです。しかもその山はいくつもいくつもあり，山頂にたどり着いて越えたと思ったら，また別の山。越しても越しても次の山がある。クレイジーキャッツの「ホンダラ行進曲」の歌詞そのもの（この曲を知らない方はぜひ聴いてみてください。人生哲学がつまった名曲です）。

　成長するとはひとことで言えば「自分壊し」です。自分を壊すということは，「自分の弱さと欠点を素直に見つめる勇気をもつ」ことです。また，「他人のフィードバックを素直に受け止める勇気をもつ」ということでもあります。その勇気がもてた時，初めて人はほんの少し階段を上ることができるのかもしれません。

　ファッションやスタイリングは一見仕事とは最も遠いことのように思われがちですが，このテーマに賢く向き合い，自分を見つめる作業を繰り返すことで，必ず今まで以上に魅力あふれるプロフェッショナルに変わることができるはずです。私自身もまだまだ発展途上ですが，一緒にがんばっていきましょう。

　本書の出版をご決断くださいました樹村房の大塚栄一社長，編集担当の安田愛さん，執筆のきっかけをつくってくださいました図書館パートナーズ代表・北村志麻さん，この場を借りて心より御礼申し上げます。

　いつも正直に飾らない意見をくださる大事な友人兼コンサルタントの竹岡眞美さん，私の人生を変えてくださって本当にありがとうございます。

　そして，時に私の羅針盤となって耳の痛いアドバイスをくれる，残りの人生の大事な大事なパートナーである夫の長尾正樹さんに心から感謝いたします。

2018年10月吉日

　　　　　　　　　　　　　　　　　　　　　　　　　　広瀬　容子

参考文献

＊以下に掲載するURLはすべて2018年9月に確認しています。

Abnett, Kate. "Styling Politicians in the Age of Image Wars". The Business of Fashion. https://www.businessoffashion.com/articles/intelligence/styling-politicians-donald-trump-theresa-may-hillary-clinton

Ambady, Nalini; Rosenthal, Robert. Half a minute: Predicting teacher evaluations from thin slices of nonverbal behavior and physical attractiveness. Journal of Personality and Social Psychology. 64（3）, 1993, 431–441.

Answer for Other ways to say "don't judge a book by its cover". MyEnglishTeacher. eu. https://www.myenglishteacher.eu/ask/answer/answer-for-other-ways-to-say-dont-judge-a-book-by-its-cover/

オブリ，オクターヴ編，大塚幸男訳『ナポレオン言行録』岩波書店，1983，286p.

ブレシア，ジョージ著，桜田直美訳『ニューヨークの人気スタイリストが教える似合う服がわかれば人生が変わる』ディスカヴァー・トゥエンティワン，2015，284p.

キャプラ，フランク監督「素晴らしき哉，人生!」1946.

Cassidy, Kyle. This Is What a Librarian Looks Like: A Celebration of Libraries, Communities, and Access to Information. Black Dog & Leventhal, 2017, 240p.

ダコスタ，モートン監督「ミュージック・マン」1962.

デジタル大辞泉．https://kotobank.jp/word/

広瀬容子執筆，竹岡眞美監修『図書館とその周辺で働く人へ：魅力あふれるプロになりたい人のためのマミ流スタイリング』ラピッヅワイド，2017，64p.

Hoon, Michael. "Careers: 8 jobs that won't exist in 2030". USA TODAY. https://www.usatoday.com/story/money/careers/2017/10/13/ 8 -jobs-that-wont-exist-in-2030/104219994/

市村省二「映画で見る図書館・図書館員のイメージ」神奈川県内大学図書館相互協力協議会平成十一年度第二回実務担当者会発表要旨，http://www.libcinema.com/libmvdb/ichi003.htm

一般社団法人日本図書設計家協会「第5回 東京装画賞」．http://souga.tokyo/

伊藤敏朗「映像表現における図書館と図書館員像に関する論考」『視聴覚資料研究』2（3），1999，120–123，http://www.rsch.tuis.ac.jp/~ito/research/lib_articles/itoh/libcinema1.html

地曳いく子『着かた，生きかた』宝島社，2016，175p.

岸英光『プロコーチのコーチングセンスが身につくスキル：結果を出すためのコミュニケーション技術（スーパー・ラーニング3）』あさ出版，2008，190p.

Kneale, Ruth. You Don't Look Like a Librarian: Shattering Stereotypes and Creating Positive New Images in the Internet Age. Information Today, Inc., 2009, 216p.

"Librarians in popular culture". Wikipedia. https://en.wikipedia.org/wiki/Librarians_in_popular_culture

マクゴニガル，ケリー著，泉恵理子監訳『スタンフォードの心理学講義：人生がうまくいくシンプルなルール』日経BP社，2016，320p.

「巻き方の種類を見る」花王グループ．http://www.kao.co.jp/liese/lecture/curl/type/

McLeod, Saul. "Maslow's Hierarchy of Needs". Simply Psychology. https://www.simplypsychol-ogy.org/maslow.html

仁上幸治「映像の中のトンデモ図書館員たち：ステレオタイプを超える自分ブランディング」図書館とその周辺で働く人向け魅力あふれるプロを目指したい人のスタイリングセミナー配付資料，2017.

「日本大百科全書（ニッポニカ）」小学館．https://kotobank.jp/dictionary/nipponica/

大森ひとみ『改訂新版　男が上がる！外見力』シーアンドアール研究所，2016，214p.

ピーズ，アラン；ピーズ，バーバラ著，市中芳江訳『自動的に夢がかなっていくブレイン・プログラミング』サンマーク出版，2017，401p.

Presidential makeover. GQ. http://www.gq.com/story/donald-trump-presidential-makeover

ロジャーズ，ジョン制作「EPISODE 1　ライブラリアンズとアーサー王の冠」「ライブラリアンズ　第一章　失われた秘宝」2014.

佐藤翔「『TSUTAYA図書館』から考える教育機関としての図書館」『Musa：物館学芸員課程年報』30，21-30，2016.

佐藤友美『女の運命は髪で変わる』サンマーク出版，2016，191p.

里岡美津奈『いつもうまくいく人の感情の整理術：「自分が今いる場所を心地よくする」……すべてはここから始まります』三笠書房，2014，203p.

しぎはらひろ子『何を着るかで人生は変わる：The Real Fashion Only the Expert Knows』三笠書房，2015，222p.

ウエダアツシ監督「天使のいる図書館」2017.

吉田和正『結婚詐欺師クヒオ大佐』新風舎，2006，251p.

さくいん

◆あ行

アイデンティティ　106
アイメイク　73
アイライン　75
アクセサリー　80
アクティブラーニング　87
「阿修羅のごとく」　26
アメリカ　11, 28, 29, 33, 34, 51, 63, 64
医学図書館　51
意識高い系　32
イメージ　21
イメージコンサルタント　16
色　77, 79
印象　88
ウィーヴィング　70
薄毛　72
映画　25
映像　25
エプロン　27, 51
おしゃれ　8, 9, 13, 15, 19, 35, 36, 37, 39, 40, 53, 57, 58, 61, 62, 65, 79, 80, 81, 93, 94, 102, 111, 112, 113, 115, 116

◆か行

カーディガン　28, 62
外見　24
外見力　43
カスタマージャーニー　109
型紙　38
価値観　19, 36, 38
学校司書　56
学校図書館　56
髪型　9, 11, 12, 13, 16, 43, 53, 65, 67, 72, 78, 116
髪の色　9, 16, 67, 68, 72
カラーリング　14, 70
議会図書室　90
危機管理　45
着こなし　9, 50, 54, 78, 113, 115
キャラクター設定　26
キャリア　12, 17, 35, 43, 56, 57, 58, 59, 82, 98
キャリアアップ　101
キューティクル　68
口紅　73
靴　9, 12, 14, 21, 28, 46, 50, 52, 53, 54, 62, 66, 79, 114, 115
靴下　93
クレーマー　45, 46
クローゼット　80, 115
黒髪　67
化粧　12
公共図書館　10, 20, 21, 23, 25, 28, 29, 43, 46, 49, 51, 82, 98
コーディネート　8, 9, 13, 16, 38, 61
個性　10, 82
骨格　71
コミュニケーション　12, 17, 27, 41, 86, 88, 96, 97, 103
コミュニティ　19, 33, 64

◆さ行

サイズ　54
彩度　80
自己肯定感　10, 12, 47, 55, 58

自己承認　55

自己否定　10

司書っぽい人　43

自信　45

試着　78

社会的イメージ　25

授業支援　86

縮毛矯正　68

主体性　12

情報源　113

情報専門家　49

情報発信　33, 34

女性　15

白髪　70

調べ学習　86

シン・スライス　41

人生設計　16

スーパーヒーロー系　29

スタイリング　7, 9, 10, 12, 15, 17, 35, 43, 45, 47, 55, 57, 58, 59, 61, 66, 79, 82, 89, 102, 113

スタイリング指導　17

スタイル　8

ステレオタイプ　12, 25, 27, 28, 33, 34, 82, 95

「素晴らしき哉，人生！」　28

成功体験　37

制服　20, 49, 50, 51

セクシー・ライブラリアン　31

専門職　57

想起度　104

ソックス　44

存在感　11, 15, 19

◆た行

大学図書館　10, 23, 51, 64, 91, 92, 98, 99, 104, 106, 112

竹岡眞美　16

脱色　70

タッチポイント　109

男性　15, 72, 80

知的職業　35

「天使のいる図書館」　27

添乗員　52

転職　98

図書館　10

図書館界　11, 52

図書館業界　11, 18, 20, 52, 93

ドライヤー　68

ドラマ　25

ドラマツルギー　54, 110

◆な行

認知度　104

ネイル　10, 53, 81

ノーメイク　29

◆は行

馬油　95

白衣　50

発信力　24

引き算メイク　74

非言語情報　41

非常勤司書　98

ビジョン　105, 106

非正規　91

ひっつめ髪　26, 70

ヒップスター　32

美容院　68

さくいん　121

表情　21, 50
ファストファッション　115
ファッション　13
ファンデーション　73
服　8, 9, 14, 16, 31, 37, 38
服装　11, 16, 35, 43, 49, 54, 58, 89,
　94
ブランディング　106
ブランド戦略　106
プリント地　62
ヘアアイロン　69
ポップカルチャー　28

◆ま行
マインドセット　36
まとめ髪　71
身だしなみ　10, 35, 46, 47, 68, 112
見た目　22, 39
無地　80
メイク　11, 13, 16, 21, 44, 46, 53, 73,
　94
メガネ　26
モラル　39

◆や行
ユニークネス　107
ゆるふわ　72

洋服　38
装いの認知力　49

◆ら行
ライブラリアン　7, 10, 11, 12, 15, 17,
　18, 20, 21, 23, 24, 25, 26, 27, 30, 33,
　34, 35, 39, 49, 51, 55, 64, 70, 83, 98,
　102, 108, 109, 110
「ライブラリアンズ」　29
リスクマネジメント　46
理念　105, 106
理髪店　72
留学　63
利用者　20, 21, 22, 23
旅程管理主任者　52
倫理観　39
レファレンスサービス　22

◆わ行
ワンパターン　112
ワンピース　62

◆アルファベット
Knowledge of Knowledge　106
shushing　28
「The Music Man」　29
thin slice　41

［著者プロフィール］

広瀬 容子（ひろせ・ようこ）

1965年福島生まれ。慶應義塾大学文学部図書館・情報学科卒業。日外アソシエーツ株式会社を経て，2003年ピッツバーグ大学大学院に留学，図書館・情報学修士号を取得。帰国後，国際的な情報サービスベンダー，トムソン・ロイター（現クラリベイト・アナリティクス）に就職。トップ営業として表彰されるなど実績を残し，2015年独立。現在，公共図書館運営のアドバイザリー業務，情報の利活用に関するセミナー講師やライブラリアンの国際交流支援，視察のサポートなど，幅広い取り組みを行う。東京農業大学大学院国際農業開発学専攻非常勤講師。

［企画協力者プロフィール］

竹岡 眞美（たけおか・まみ）

イメージコンサルタント，ファッションコンサルタント，アートコレクター

1964年東京生まれ。慶應義塾大学文学部英文科卒業後，アパレル会社のプレスを経て，27歳で桑沢デザイン研究所に入学。建築デザインを学ぶ。2000年ミラノのデザイン専門学校マランゴーニ入学。卒業後，デザイナーとして活動。ミラノ，パリ，東京でプライベートブランドを立ち上げる。イタリア在住10年。その後，高島屋のファッションディレクターとして世界のファッションショーを見てまわり，ファッショントレンド分析や各種講演，宝飾，化粧品，アート，インテリア等のコンサルタント業務に従事。近年，会社経営者や国会議員，ビジネスマン，ビジネスウーマンなどを中心にパーソナルスタイリング，講演等を手がける。2015年母校の慶應義塾大学に戻り，美学・美術史学を専攻，2017年卒業。

ライブラリアンのためのスタイリング超入門
キャリアアップのための自己変革術

2018年10月29日　初版第1刷発行

検印廃止

著　者ⓒ	広　瀬　容　子
発 行 者	大　塚　栄　一

発 行 所　株式会社 **樹村房**
JUSONBO

〒112-0002
東京都文京区小石川5-11-7
電　話　　03-3868-7321
ＦＡＸ　　03-6801-5202
振　替　　00190-3-93169
http://www.jusonbo.co.jp/

イラスト／星わにこ
組版・印刷／美研プリンティング株式会社
製本／有限会社愛千製本所

ISBN978-4-88367-311-7　乱丁・落丁本は小社にてお取り替えいたします。